紙のからくり
カミカラで遊ぼ！

中村開己 著

日本文芸社

もくじ

| 4 ページ | マゼランペンギン爆弾 ★★★ | 16 ページ | 33 〜 38 ページ |

 自分で色をぬるよ！

| 6 ページ | くま爆弾 ★★★ | 16 ページ | 39 〜 42 ページ |

| 7 ページ | ふなっしー ★★ | 18 ページ | 43 〜 46 ページ |

| 8 ページ | シンデレラの かぼちゃの馬車 ★★★ | 20 ページ | 47 〜 52 ページ |

| 9 ページ | かみつくオオカミ ★★ | 22 ページ | 53 〜 54 ページ |

カミカラの つくり方

| 必要な道具 | 14 ページ |
| つくり方の順番とコツ | 15 ページ |

つくるときの 難しさ

難しい	★★★
普通	★★
かんたん	★

	ページ	タイトル	つくり方	型紙
	10 ページ	桃太郎外伝 ★★	24 ページ	55〜58 ページ
	11 ページ	バク宙うさぎ ★ びっくりカメ ★	26/27 ページ	59〜60 ページ
	12 ページ	かみつく封筒(ふうとう) ★	28 ページ	61〜62 ページ
	13 ページ	起き上がりフクロウ ★★	30 ページ	63〜64 ページ

▶ 動画でチェック！ **このマークがあるところは動画でつくり方・遊び方を解説！**

YouTube、または当社ホームページの特設サイトから動画解説を見ることができます。

http://www.nihonbungeisha.co.jp/kamikara/

端末や通信環境によっては、
ご利用いただけない場合があります。
本サービスは予告なく変更することがあります。
あらかじめご了承ください。

  QRコードからもアクセスできます

マゼランペンギン爆弾

型紙 P.33〜38
つくり方 P.16〜17

「はじめまして、マゼランペンギンです」

ぼくの特技を見て！

ぺちゃんこにして落とすと……？

ぺしゃっ

ぺちゃんこからアッという間に飛び上がるよ〜

ビュン!

一瞬(いっしゅん)で
ペンギン
ジャンプ!!

カミカラはつくるときも楽しい
つくってからもいっぱい遊べる!
動くペーパークラフト!

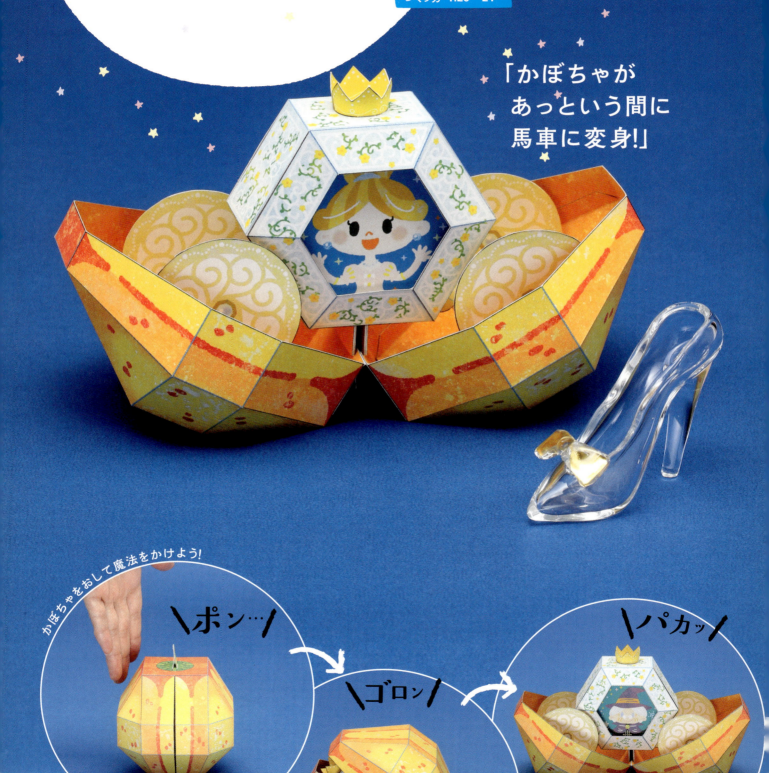

カミカラの つくり方

必要な道具

切る

ハサミ
使いなれたものがいいでしょう。曲線はカッターより使いやすいことも。

カッター
普通のカッターで問題ありません。細かい部分はデザイン用カッターも便利です。

カッターマット
テーブルを傷つけないために、カッターを使うときは下にしきましょう。

折る

千枚通し（せんまいどぉ）
型紙に折りスジ（折り目）をつけるときに使います。鉄筆やインクの切れたボールペン、コンパスなどでも代用できます。

定規
千枚通しなどを定規に沿わせて使うことで、きれいな直線の折りスジをつけることができます。

はる

速乾性の木工用ボンド（そっかんせい）
すぐにくっつき、はがれにくい速乾性の木工用ボンドが最適です。

つまようじ
ボンドを型紙にぬるときに使います。細かい部分へののりづけにも適しています。

組み立てる

ピンセット
輪ゴムを取りつけたり、指が入らないところをはり合わせるのに便利です。

輪ゴム（原寸大）
本書で使うのは、No.16（直径約4cm）とNo.14（直径約3cm）です。

No.16　No.14

※作品によって必要な道具が多少変わります。それぞれのつくり方ページにも必要な道具を記しています。

こんなときどうする？ カミカラ Q&A

Q まちがえて切ってしまったときは？

A セロハンテープではりつなげばOK。ただ、その上から別の紙をはらなければいけない場合は、セロハンテープではなく、型紙の不要な部分を小さく切って、まちがえたところの裏からボンドではってつなぐといいでしょう。

Q ボンドがのりしろからはみ出てしまったときは？

A きれいな布に水を少しつけて、軽くふき取りましょう。

Q 長時間しまっておくときは？

A 色があせたり、輪ゴムが劣化（れっか）するのを防ぐために、陽の当たらないところに置いておきましょう。久しぶりに遊ぶ場合は、輪ゴムが切れやすくなっていないか確認を。

つくり方の順番とコツ

1 型紙を本から切りはなす
型紙を本書からミシン目に沿ってていねいに切りはなします。型紙は複数ページに渡る場合もありますので、作品の型紙ページを確認してすべて切りはなしましょう。

2 折りスジをつける
山折り線にも谷折り線にも、千枚通しや鉄筆を使って折りスジをつけます。作品をきれいに仕上げるために大切な作業です。定規を使い、ていねいに行いましょう。

POINT 千枚通しは寝かせ気味にして使います

3 パーツを切りぬく
切り取り線に沿って各パーツを切り抜きます。曲線はハサミで、直線はカッターを使うのがおすすめ。中をくりぬくものがあるパーツは、先に中をくりぬいてから外わくを。

ハサミで切るコツ
複雑な形を切る場合は、①大まかに切り取る ②同じ方向はまとめて切り込みを入れる ③逆側からハサミを入れて切り落とす。切りやすい方から何度もハサミを入れるのがコツです。

カッターで切るコツ
カッターは上から下へ動かして切るのが基本です。左右に動かして切ろうとすると、定規をあてたときに切り先が見えなくなります。

4 折りスジに沿って折る
折る部分があるパーツは、山折り谷折りに気をつけてすべて折っておきます。

山折り　　谷折り

POINT しっかり半分に折って戻します。紙が弱くなるので反対側には折らないように！

5 はり合わせる
カラカミではのりしろの同じ番号同士をはり合わせます。きれいにつくるためには、ていねいにはり合わせることが大切です。

つくり方の濃い黄色部分にボンドをぬり、薄い黄色部分にはります。型紙は黄色になっていませんので、番号などで場所の確認を。

POINT 1 ボンドは不要な紙にあらかじめ少し出しておき、つまようじですくって使うと便利。つまようじをねかせ、パンにバターをぬるようにうすく塗りましょう。

POINT 2 ボンドではり合わせたあとは、はがれないように指でしっかりおさえ、しばらくそのまま待ちます。指が入らないところは、ピンセットを使っておさえます。

つくり方のコツがわかったら、それぞれの作品のつくり方ページへ！

 ## マゼランペンギン爆弾
難易度 ★★★　型紙 P.33～38

 ## くま爆弾
自分で色をぬるよ！
難易度 ★★★　型紙 P.39～42

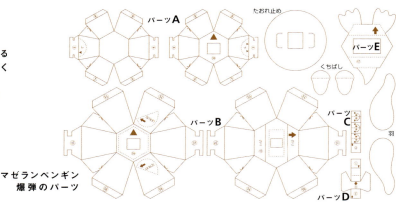

マゼランペンギン爆弾のパーツ

必要な道具
- カッター
- ハサミ
- 千枚通し
- 定規
- 速乾性の木工用ボンド
- つまようじ
- ピンセット
- 輪ゴム

（ペンギン爆弾：No.16×2
くま爆弾：No.16×1、
No.14×1）

準備
- 折り線に折りスジをつける
- すべてのパーツを切り抜く
- 山折り、谷折りの指示どおりに折り曲げる

くわしくは P.14-15のカミカラのつくり方を見てね！

つくり方

1　パーツA～Eで、頭とからだをつくる

 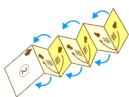  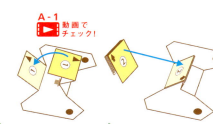

A-1 動画でチェック！

パーツA、Bのそれぞれの「のり」にボンドをぬり、☆同士をはり合わせる。	パーツCは、型紙でグレーの面にボンドをぬり、同じ記号の面をはり合わせる。	図のような形になる。	パーツDの①同士をはる。	パーツCの②をパーツDの②にはり、ストッパーが完成。	ストッパーを横から見た図

POINT 動き方に影響するので向きに注意して正確に

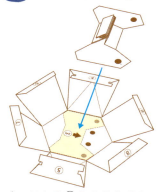 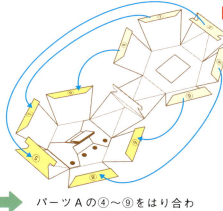 

A-2 動画でチェック！

POINT 1ヵ所はるたびに、図のようにはったところを指でぴったりつぶしておさえます

のりしろ部分が内側にはりつかないよう注意。

断面図

パーツAの③ののりしろにストッパーをはる。 → パーツAの④～⑨をはり合わせて頭をつくる。

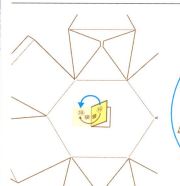 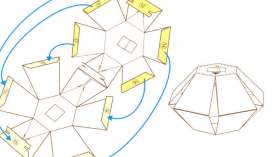 

POINT 向きに注意して型紙のグレーの部分以外にボンドがつかないようにしましょう

※ペンギン爆弾はこれとちょっと形が違うよ

パーツBの⑩を折り返してはる。 → パーツBの⑪～⑯をはり合わせてからだをつくる。 → のりと書かれたグレーの部分にボンドをぬってパーツEをはる。

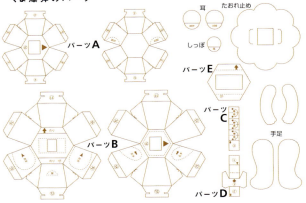

遊び方

ひっくり返し、底の穴にさわらないように指をチョキにして、下まで一気につぶす。　ストッパーがかかった状態。　はしの方を持って、かたい平らなテーブルなどに水平に落とすとジャンプ！

くま爆弾はぬりえタイプのカミカラ

組み立てる前に色をぬるとぬりやすい。絵の具は紙が伸びてしまうのでNG。色えんぴつがオススメ。

2 頭とからだに輪ゴムをセットする

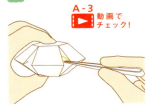  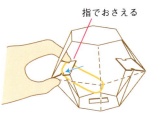 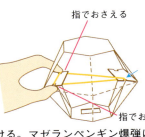 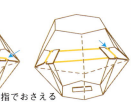

それぞれ図のように上下を軽くおさえ、すき間からピンセットを使って輪ゴムをかける。マゼランペンギン爆弾は頭、からだともに大きい輪ゴム（No.16）を、くま爆弾は頭に小さい輪ゴム（No.14）、からだに大きい輪ゴムを使う。

3 頭とからだをくっつける

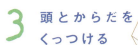

 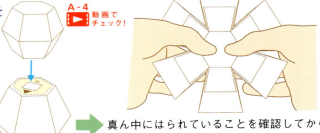 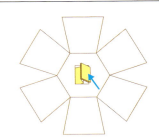

位置と向きを注意して⑱をはる。　真ん中にはられていることを確認してから、図のように持ってしっかり指でおさえる。ストッパーがかかることを確認する。　裏返してこの部分をおすと元に戻る（ストッパーが外れる）。

4 装飾パーツをつける

マゼランペンギン爆弾　　くま爆弾

それぞれのパーツののりしろにボンドをつけ、写真のように本体にはる。

5 たおれ止めをつける

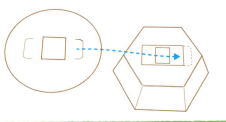 

たおれ止めを本体の裏に差し込んでつける。のりづけはしないよう注意。

POINT
たおれ止めをつけるとジャンプ後に立つ確立がアップします。お好みでつけてください

ふなっしー

難易度 ★★
型紙 P.43〜46

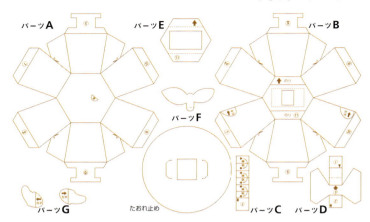

ふなっしーのパーツ

必要な道具
- カッター
- ハサミ
- 千枚通し
- 定規
- 速乾性の木工用ボンド
- つまようじ
- ピンセット
- 輪ゴム（No.16×1）

準備
- 折り線に折りスジをつける
- すべてのパーツを切り抜く
- 山折り、谷折りの指示どおりに折り曲げる

くわしくはP.14-15のカミカラのつくり方を見てね！

つくり方

1 パーツA〜Eで、頭とからだをつくる

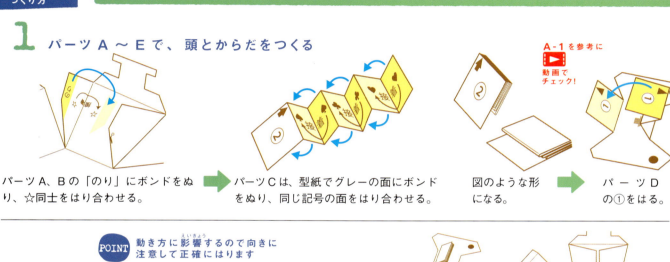

パーツA、Bの「のり」にボンドをぬり、☆同士をはり合わせる。

パーツCは、型紙でグレーの面にボンドをぬり、同じ記号の面をはり合わせる。

図のような形になる。

パーツDの①をはる。

A-1を参考に動画でチェック！

POINT 動き方に影響するので向きに注意して正確にはります

パーツCの②をパーツDの②にはり、ストッパーが完成。

ストッパーを横から見た図

パーツAにストッパーをはる。

パーツBの④を折り返してはる。

A-2を参考に動画でチェック！

のりしろ部分が内側にはりつかないよう注意。

断面図

POINT 1ヵ所はるたびに、図のようにはったところを指でぴったりつぶしておさえます

パーツAとBの⑤〜⑩をはり合わせてからだをつくる。

遊び方

ひっくり返し、底の穴にさわらないように指をチョキにして、下まで一気につぶす。

ストッパーがかかった状態。

はしの方を持って、かたい平らなテーブルなどに水平に落とすとジャンプ！

30センチくらいの高さから落とすと立ちやすい。

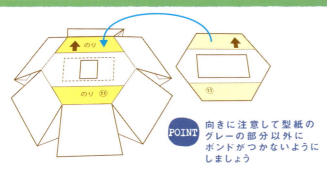

POINT 向きに注意して型紙のグレーの部分以外にボンドがつかないようにしましょう

のりと書かれたグレーの部分にボンドをぬってパーツEをはる。

2 からだに輪ゴムをセットする

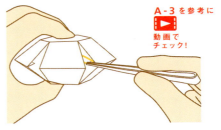

A-3を参考に 動画でチェック！

図のように上下を軽くおさえ、すき間からピンセットを使って輪ゴム（No.16）をかける。

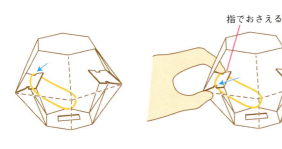

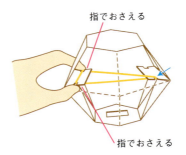

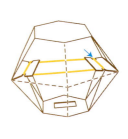

---

3 装飾パーツをつける

パーツF
パーツG（右手）
パーツG（左手）

それぞれのパーツののりしろにボンドをつけ、写真のように本体にはる。

4 たおれ止めをつける

POINT たおれ止めをつけるとジャンプ後に立つ確立がアップします。お好みでつけてください

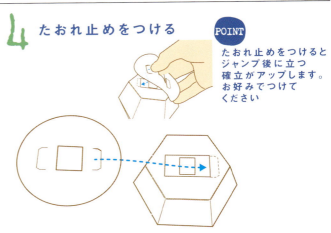

たおれ止めを本体の裏に差し込んでつける。のりづけはしないよう注意。

シンデレラの かぼちゃの馬車

難易度 ★★★　型紙　P.47 〜 52

シンデレラのかぼちゃの馬車のパーツ

必要な道具
カッター　速乾性の木工用ボンド　10円玉×4
ハサミ　つまようじ　セロハンテープ
千枚通し　ピンセット
定規

くわしくは P.14-15 の カミカラの つくり方を 見てね！

準備
・折り線に折りスジをつける
・すべてのパーツを切り抜く
・山折り、谷折りの指示どおりに折り曲げる

つくり方

1 パーツA〜Eで、かぼちゃをつくる

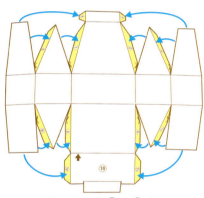

パーツAの①〜⑫を順番にはる。

かぼちゃの半分の形のパーツができる。

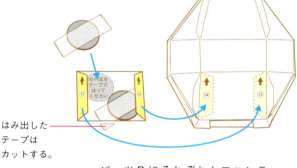

はみ出したテープはカットする。

パーツBにそれぞれセロハンテープで10円玉を2枚ならべてはる。⑬と⑭に同時にボンドをぬり、パーツAの同じ番号のところにはる。同じ形のものを2つつくる。

B-1 動画でチェック！

パーツCの⑮のグレーの部分にボンドをぬり、パーツDの同じ番号とはりあわせる。図のように、テーブルの上に置いてすべらせながらはり、へたをつくる。

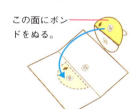

この面にボンドをぬる。

へたの⑯にボンドをぬり、パーツEの⑯にはる。

この面にボンドをぬる。

へたの⑰にボンドをぬり、二つ折りにして⑰をなりゆきではる。

はったところをしっかり指でおさえる。

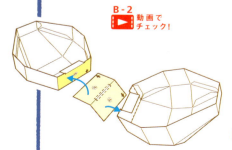

B-2 動画でチェック！

パーツEの⑱と⑲をパーツAにはる。

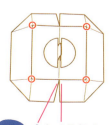

POINT　合わせ目部分が重ならないように！

○のところをしっかりあわせる。

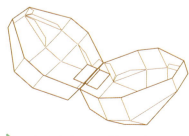

このようにかぼちゃが開いた形になる。

2 パーツF〜Hで、支柱をつくる

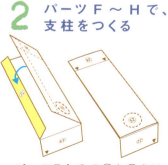

パーツFとGの⑳と㉑をはり合わせる。

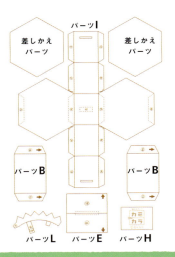

遊び方

かぼちゃをヘタを上にして置いて、前からでも横からでも指でおす。

半回転したかぼちゃが開いて、シンデレラが乗った馬車に早変わり!

もっと遊ぼう!

差しかえパーツを入れて馬車の中のイラストを変えて遊ぼう。

フォトフレームにもなるよ

差しかえパーツを切り抜いたあとの型紙を使って、写真に切り取り線を書き（線より内側約1cmがフレームにかくれるので注意）切り抜く。

差しかえパーツと同じように写真を馬車に入れれば完成。

パーツHを㉒と㉓に図のようにはり、支柱をつくる。

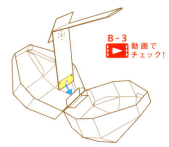

B-3 動画でチェック！

かぼちゃに支柱の㉔をかたむかないように注意しながらはる。

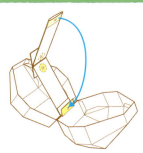

㉕と㉖に同時にボンドをぬり、はる。

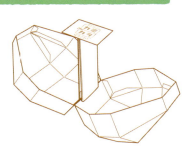

かぼちゃが完成。

---

3 パーツI〜Pで、馬車をつくる

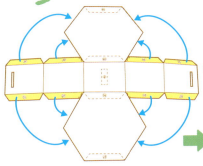

パーツIの㉗〜㉞をはる。

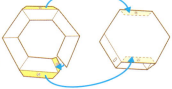

パーツJの㉟をはり、㊱と㊲にボンドをぬって、パーツIの同じ番号にはる。反対側のパーツKの㊳〜㊵も、同じようにパーツIにはる。

パーツLをペンに巻きつけるなどして、カールさせてから、㊶と㊷をはる。

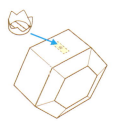

㊸にボンドをぬって、パーツIの同じ番号にはる。

パーツMの㊹と㊺をはる。

POINT ここからはボンドは使いません

㊻と㊼をパーツNの同じ番号にはる。同じようにパーツOとパーツPの㊽〜㊿もはる。

フラップ

図のように車輪の中央にあるフラップを、折り曲げた状態で馬車本体に差しこむ。

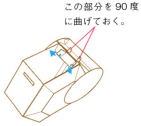

この部分を90度に曲げておく。

反対側からフラップを開く。反対側も同じように差しこむ。

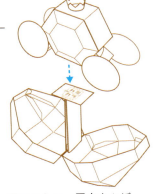

図のように、馬車をかぼちゃに差しこんで完成。

POINT 接着しないように！

かみつくオオカミ

難易度 ★★
型紙 P.53〜54

必要な道具
- カッター
- ハサミ
- 千枚通し
- 定規
- 速乾性の木工用ボンド
- つまようじ
- ピンセット
- 輪ゴム（No.16×1）

準備
- 折り線に折りスジをつける
- すべてのパーツを切り抜く
- 山折り、谷折りの指示どおりに折り曲げる

くわしくは P.14-15 のカミカラのつくり方を見てね！

かみつくオオカミのパーツ

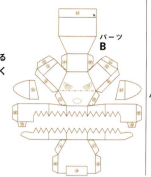
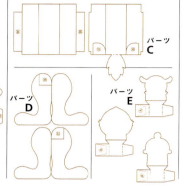
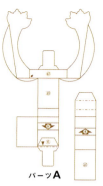

パーツ B / パーツ C / パーツ D / パーツ E / パーツ A

つくり方

1 パーツAで、うでのしくみをつくる

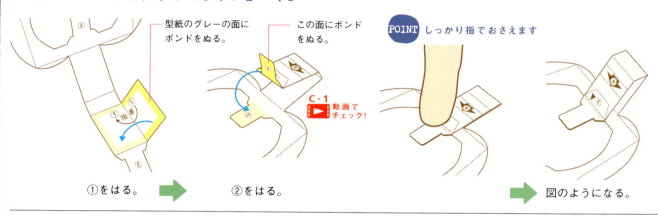

型紙のグレーの面にボンドをぬる。／この面にボンドをぬる。／POINT しっかり指でおさえます

①をはる。 ➡ ②をはる。 ➡ 図のようになる。

POINT ボンドをはみ出さないように！

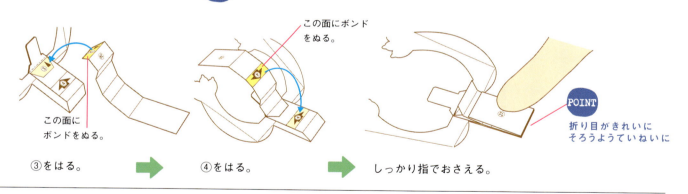

この面にボンドをぬる。／この面にボンドをぬる。／POINT 折り目がきれいにそろうようていねいに

③をはる。 ➡ ④をはる。 ➡ しっかり指でおさえる。

2 パーツBで、頭をつくる

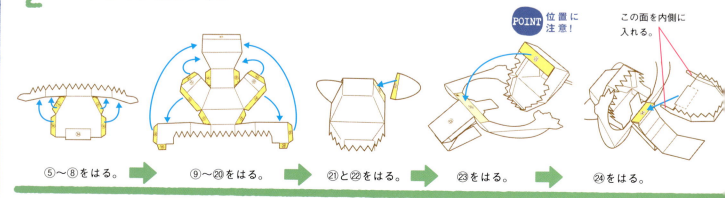

POINT 位置に注意！／この面を内側に入れる。

⑤〜⑧をはる。 ➡ ⑨〜⑳をはる。 ➡ ㉑と㉒をはる。 ➡ ㉓をはる。 ➡ ㉔をはる。

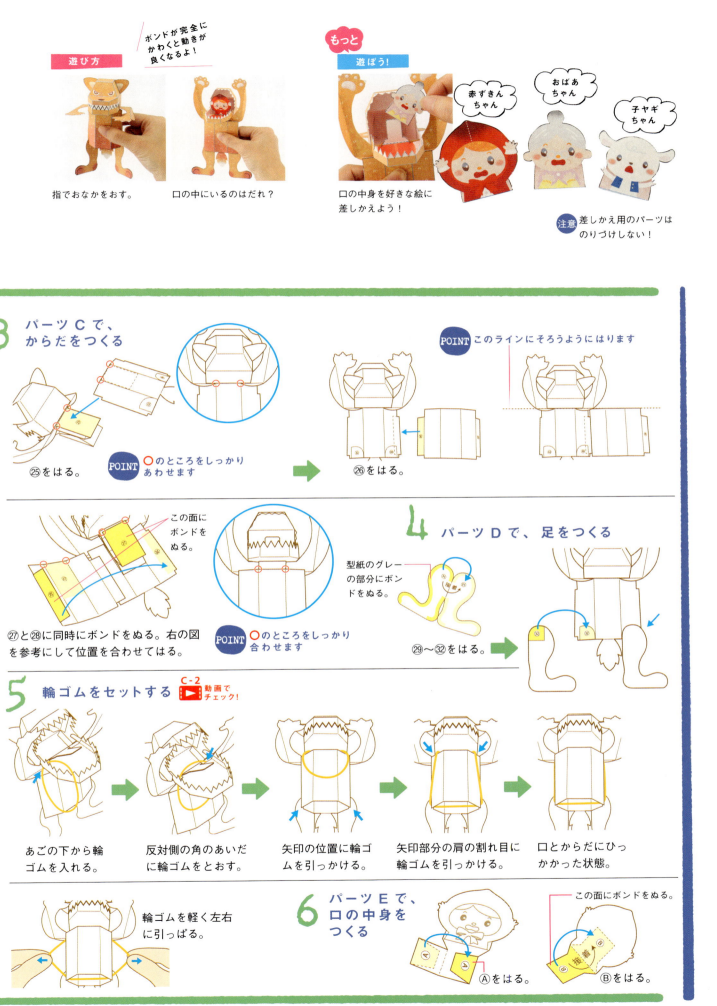

桃太郎外伝

難易度 ★★
型紙 P.55〜58

必要な道具
カッター
ハサミ
千枚通し
定規
速乾性の木工用ボンド
つまようじ
ピンセット
10円玉×2
セロハンテープ

準備
・折り線に折りスジをつける
・すべてのパーツを切り抜く
・山折り、谷折りの指示どおりに折り曲げる

くわしくは P.14-15 のカミカラのつくり方を見てね！

桃太郎外伝のパーツ

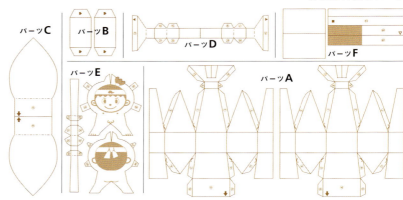

つくり方

1 パーツA〜Cで、桃をつくる

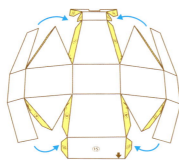

パーツAの①〜⑭を順番にはる。

桃の半分の形のパーツができる。

パーツBにセロハンテープで10円玉をはる。

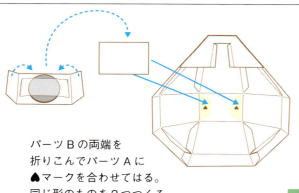

パーツBの両端を折りこんでパーツAに♠マークを合わせてはる。同じ形のものを2つつくる。

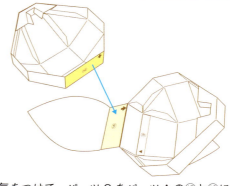

位置に気をつけて、パーツCをパーツAの⑮と⑯にそれぞれはる。

2 パーツD、Eで、桃太郎をつくる

POINT ○のところをしっかり合わせます

D-1 動画でチェック！
D-2 動画でチェック！

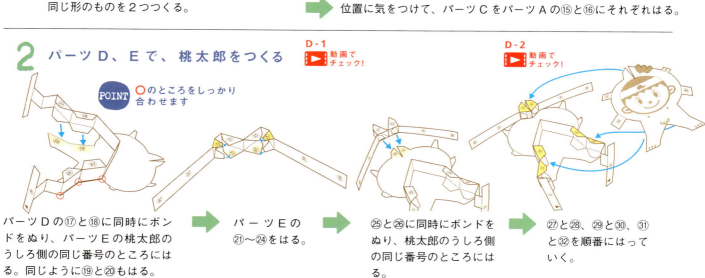

パーツDの⑰と⑱に同時にボンドをぬり、パーツEの桃太郎のうしろ側の同じ番号のところにはる。同じように⑲と⑳もはる。

パーツEの㉑〜㉔をはる。

㉕と㉖に同時にボンドをぬり、桃太郎のうしろ側の同じ番号のところにはる。

㉗と㉘、㉙と㉚、㉛と㉜を順番にはっていく。

24

遊び方		続けてセットしよう	桃太郎が登場した状態からセットしてもOK。	

桃の割れ目に上から包丁をぐっと差しこむ。	桃が割れて真剣白刃取りの桃太郎が登場！	桃を閉じる。	包丁を指でおすと、桃太郎の手の間に桃の上部が引っかかる。	この状態で包丁を抜く。

POINT ピンセットを使って、はったところをしっかりおさえましょう

㉝と㉞をはる。

同じように㊲と㊳をはる。

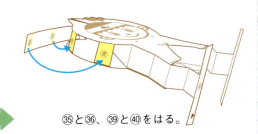
㉟と㊱、㊴と㊵をはる。

3 桃に桃太郎をつける D-3 動画でチェック！

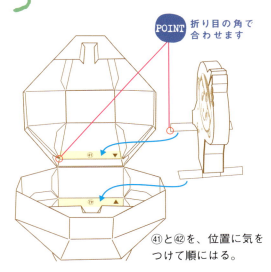

POINT 折り目の角で合わせます

㊶と㊷を、位置に気をつけて順にはる。

4 パーツFで、包丁をつくる

２度折り返して曲げる。　→　㊸をはる。

POINT ○のところでしっかり合わせます

㊹をはる。　→　㊺をはる。

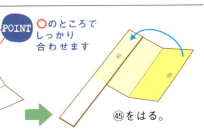

セットのしかた

桃太郎の手に桃を引っかけて桃を閉じる。

図のように、桃太郎の手の間に桃の上部を差し込むように引っかける。

バク宙うさぎ

難易度 ★
型紙 P.59～60

必要な道具
カッター
ハサミ
千枚通し
定規
速乾性の木工用ボンド
つまようじ
ピンセット
セロハンテープ
輪ゴム（No.16×1）

準備
・折り線に折りスジをつける
・すべてのパーツを切り抜く
・山折り、谷折りの指示どおりに折り曲げる

くわしくはP.14-15のカミカラのつくり方を見てね！

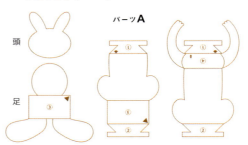

バク宙うさぎのパーツ

頭　足　パーツA

つくり方

1 パーツAで、からだをつくる

つまようじを型紙のしるしに合わせて50mmの長さに切り、ウラ面の印刷に合わせてセロハンテープではりつける。

POINT 上からしっかりおさえて、ペタンとなるようにはります

①をはる。 → ②をはる。

E-1 動画でチェック！

2 からだに足と頭をつける

③をはる。 → ④をはる。

3 輪ゴムをセットする

矢印の位置に輪ゴムを引っかける。

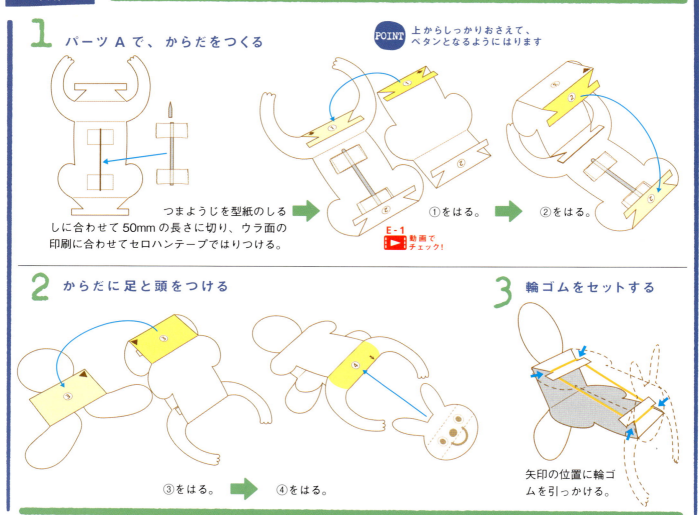

遊び方

頭を手前に引くようにおさえる。

指をすばやくパッとはなす。

うさぎが宙返りして着地する。

POINT うまく着地しないときは、場所を変えてみたり、下に一枚紙を敷いてみましょう

びっくりカメ

難易度 ★
型紙 P.59〜60

必要な道具
カッター
ハサミ
千枚通し
定規
速乾性の木工用ボンド
つまようじ
ピンセット
セロハンテープ
輪ゴム（No.16 × 1）
10円玉

準備
・折り線に折りスジをつける
・すべてのパーツを切り抜く
・山折り、谷折りの指示どおりに折り曲げる

くわしくは P.16-17 のカミカラのつくり方を見てね！

びっくりカメのパーツ

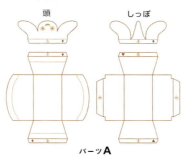

頭　　しっぽ

パーツA

つくり方

1 甲羅の上下をつなぐ F-1 動画でチェック！

10円玉を指定の位置にセロハンテープではる。 → 頭の①としっぽの②をはる。線をそろえる。 → ③と④をはる。 → POINT 上と下の角がそろうように位置に注意してはる。ピッタリつぶしておさえます

2 からだを整える

このりしろにボンドをぬる。⑤と⑥をはる。 → ピッタリつぶしてはったところを指でおさえる。 → 頭としっぽを中におしこむ。

3 輪ゴムをセットする

矢印の位置に輪ゴムを引っかける。

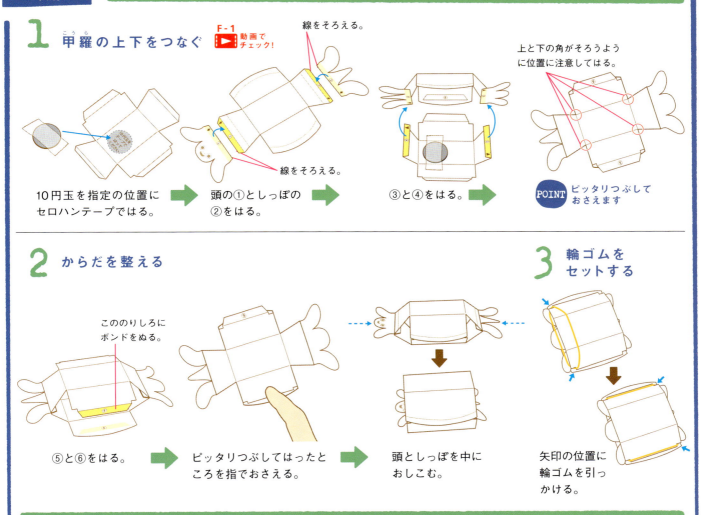

遊び方①

甲羅をおすと、頭と手足を引っこめる。

遊び方②

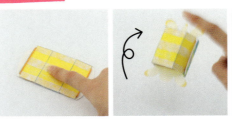

ひっくり返して指でおさえる。　指をサッと素早くはなす。　カメがひっくり返る。

かみつく封筒

難易度 ★
型紙 P.61〜62

必要な道具
カッター
ハサミ
千枚通し
定規
速乾性の木工用ボンド
つまようじ
ピンセット
輪ゴム（No.14×1）
なければ（No.16×2）

準備
・折り線に折りスジをつける
・すべてのパーツを切り抜く
・山折り、谷折りの指示どおりに折り曲げる

くわしくはP.14-15のカミカラのつくり方を見てね！

かみつく封筒のパーツ

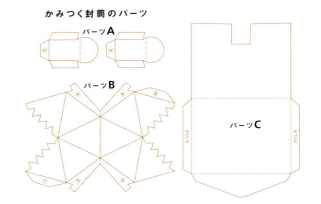

つくり方

1 パーツAで、舌をつくる

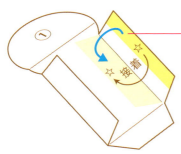

パーツAそれぞれのグレーの部分にボンドをぬり、折り曲げて接着する。

G-1 動画でチェック！

POINT 重ねたときにのりしろがピッタリそろうようにはります

この面にボンドをぬる。

①同士をはり合わせる。

2 パーツBで、犬をつくる

G-2 動画でチェック！

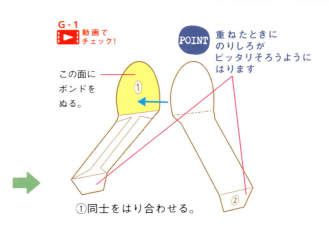

パーツAの②をパーツBの②にはる。

この面にボンドをぬり、パタンと折り曲げてなりゆきではる。

③をはる。

POINT ピッタリつぶして、はったところを指でしっかりおさえます

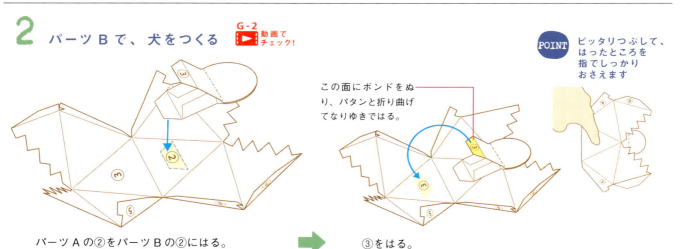

POINT ④以外のところにボンドがつかないように注意！

④をはる。

平らにして、はったところを指でしっかりおさえる。

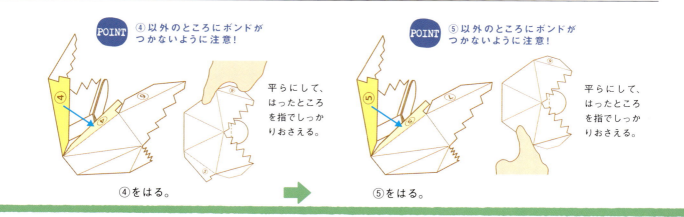

POINT ⑤以外のところにボンドがつかないように注意！

⑤をはる。

平らにして、はったところを指でしっかりおさえる。

遊び方

犬をつぶして封筒に入れる。写真のように封筒の上下を軽くおし、封筒の口をふくらませると入れやすい。

犬が見えないように奥まで入れる。

驚かせたい相手に封筒を渡して、野球ボールをつかんで引っ張り出してもらう。その瞬間パクッ！

3 輪ゴムをセットする

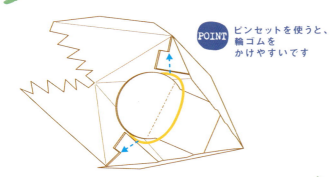

POINT ピンセットを使うと、輪ゴムをかけやすいです

輪ゴムを図のようにかける。No.14の輪ゴムなら1本、No.16の輪ゴムなら2本かける。

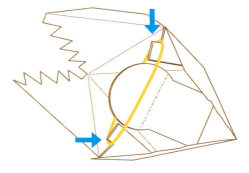

矢印の位置に輪ゴムを引っかける。

4 仕上げる

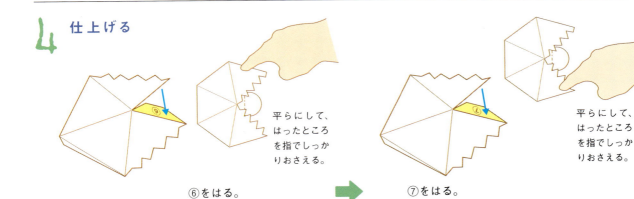

⑥をはる。

平らにして、はったところを指でしっかりおさえる。

⑦をはる。

平らにして、はったところを指でしっかりおさえる。

5 パーツCで、封筒をつくる

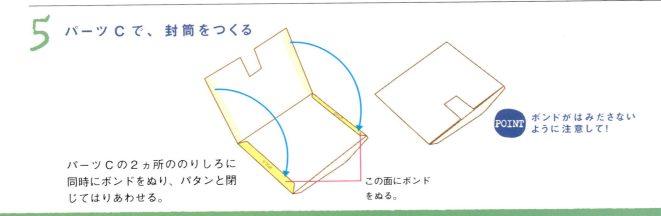

パーツCの2ヵ所ののりしろに同時にボンドをぬり、パタンと閉じてはりあわせる。

この面にボンドをぬる。

POINT ボンドがはみださないように注意して！

起き上がりフクロウ

難易度 ★★
型紙 P.63～64

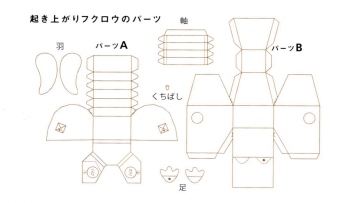

起き上がりフクロウのパーツ

羽　パーツA　軸
くちばし
パーツB
足

必要な道具	準備
カッター ハサミ 千枚通し 定規 速乾性の木工用ボンド つまようじ ピンセット 10円玉×2	・折り線に折りスジをつける ・すべてのパーツを切り抜く ・山折り、谷折りの指示どおりに折り曲げる

くわしくはP.14-15のカミカラのつくり方を見てね！

つくり方

1　パーツAで、背中をつくる

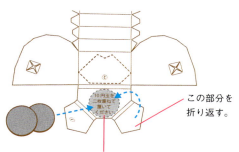 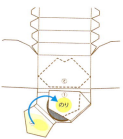 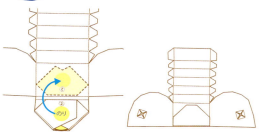

POINT　10円玉が落ちないように注意！

指定の位置に10円玉を二枚重ねて置く。　→　「のり」の部分にボンドをぬり、①をはる。　→　「のり」の部分にボンドをぬり、②をはる。

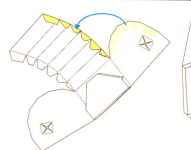  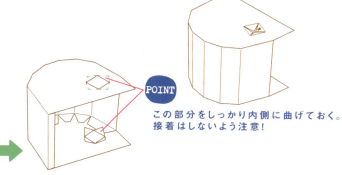

★印の切り取り線がちゃんと切られていることを確認してから、パーツの形に合わせて、片側ずつていねいにはる。

POINT　この部分をしっかり内側に曲げておく。接着はしないよう注意！

2　背中に軸を入れる

POINT　型紙のピンク色の点線を背中の通し穴にキッチリ合わせます

H-1 動画でチェック！

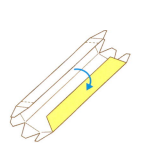 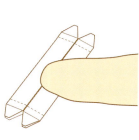 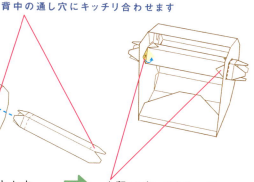

軸は、図の黄色の部分にボンドをぬって、つつ状にする。　→　しっかりつくように、指でペタンとおさえる。　→　背中に軸をとおす。　→　★印にボンドをぬってはる（左右1ヵ所ずつ）。

遊び方①	遊び方②

頭を矢印の方向に指でちょんとおすと、起き上がる。	頭を上から指でおさえて、サッとはなすと、起き上がる。

3 パーツBで、からだをつくる

 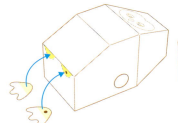  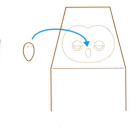

それぞれののりしろにボンドをつけてはりあわせ、からだを組み立てる。 → 左右を間違わないように●印をあわせて足をはる。 → くちばしはお好みで。小さいのでなくさないように。

4 からだに背中をはめ、羽をつける

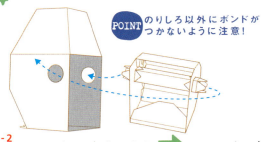 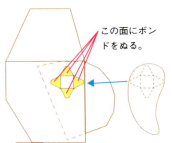

POINT のりしろ以外にボンドがつかないように注意！

この面にボンドをぬる。

H-2 動画でチェック！

向きに気をつけて、軸をからだの穴にとおす。 → フクロウを立てた状態で、軸ののりしろ部分をしっかり曲げて羽をはる。左右を間違わないように。角度は多少ズレてもOK。

セットのしかた

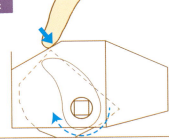 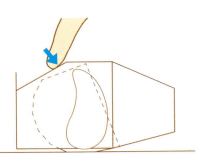

平らなテーブルの上にペンギンを寝かせながら、上から指でおなかをおす。 → ペンギンが寝たままになるポイントで止める。

起き上がりフクロウ 31

著者　中村開己（なかむら・はるき）

ペーパークラフト作家。1967年富山県生まれ。27歳でペーパークラフトに目覚め、2000年頃から本格的に取り組む。2003年、アートマーケット出展の際に人にウケるという楽しさを知り、作風が変わる。2008年、勤めていた会社を辞め、ペーパークラフト作家として独立。「一度見たら一生忘れられない作品作り」をモットーに活動している。主な著書に『紙のからくり カミカラ』『紙のからくり カミカラコレクション』（インフォレスト）、『うごく！ 魔法のペーパークラフト カミカラどうぶつ』（永岡書店）などがある。

飛ぶ！はねる！かみつく！
紙のからくり
カミカラで遊ぼ！

2016年4月30日　第1刷発行
2019年2月20日　第7刷発行

著者　中村開己（なかむらはるき）
発行者　中村　誠
印刷所　大日本印刷株式会社
製本所　大日本印刷株式会社
発行所　株式会社日本文芸社
　　　　〒101-8407
　　　　東京都千代田区神田神保町1－7
　　　　電話　03-3294-8931（営業）
　　　　　　　03-3294-8920（編集）

Printed in Japan
112160418-112190213 Ⓝ 07　(111006)
ISBN978-4-537-21377-5
URL　https://www.nihonbungeisha.co.jp/
Ⓒ Haruki Nakamura　2016
（編集担当：河合）

乱丁・落丁などの不良品がありましたら、
小社製作部宛にお送りください。
送料小社負担にておとりかえいたします。
法律で認められた場合を除いて、本書からの複写・転載
（電子化を含む）は禁じられています。また、
代行業者等の第三者による電子データ化
及び電子書籍化は、いかなる場合も認められていません。

カバー・本文デザイン　阿部美樹子
型紙イラスト　　　　　はせがわれいこ（PAN DESIGN）
写真　　　　　　　　　天野憲仁（日本文芸社）
スタイリング　　　　　小野寺祐子
編集　　　　　　　　　板谷　智

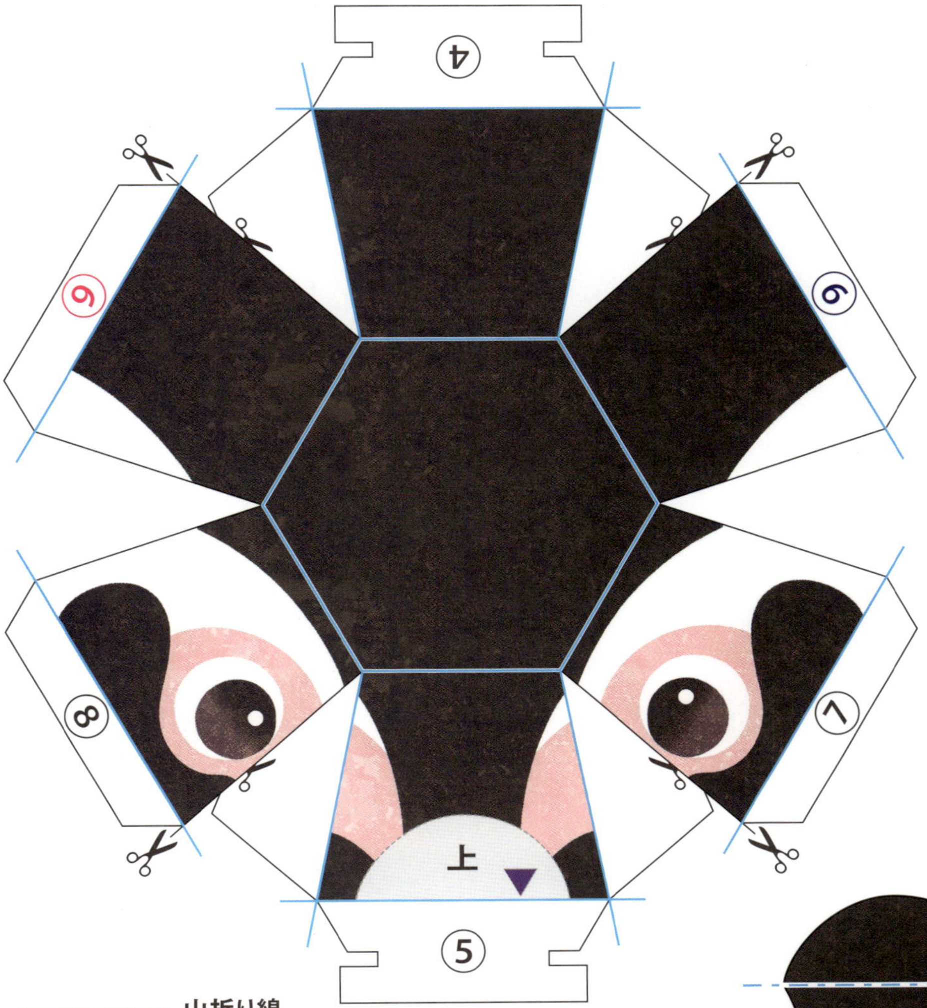

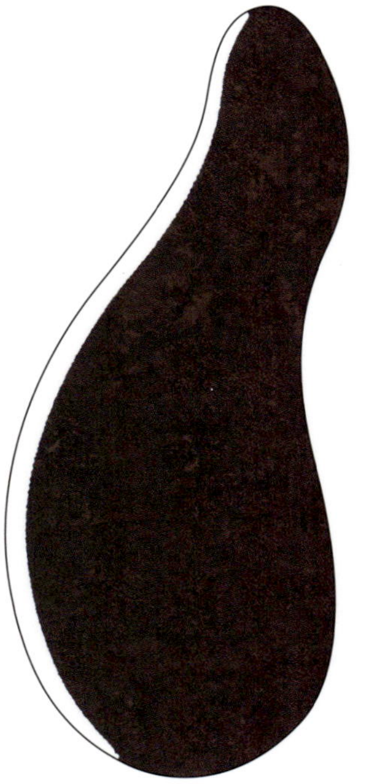

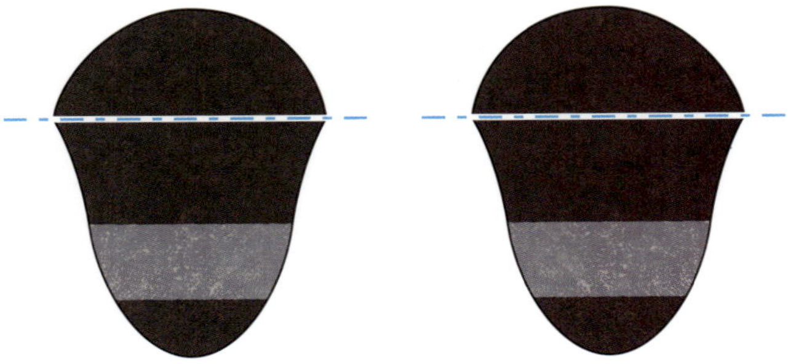

キリトリ

——— 山折り線
- - - 谷折り線
——— 切り取り線

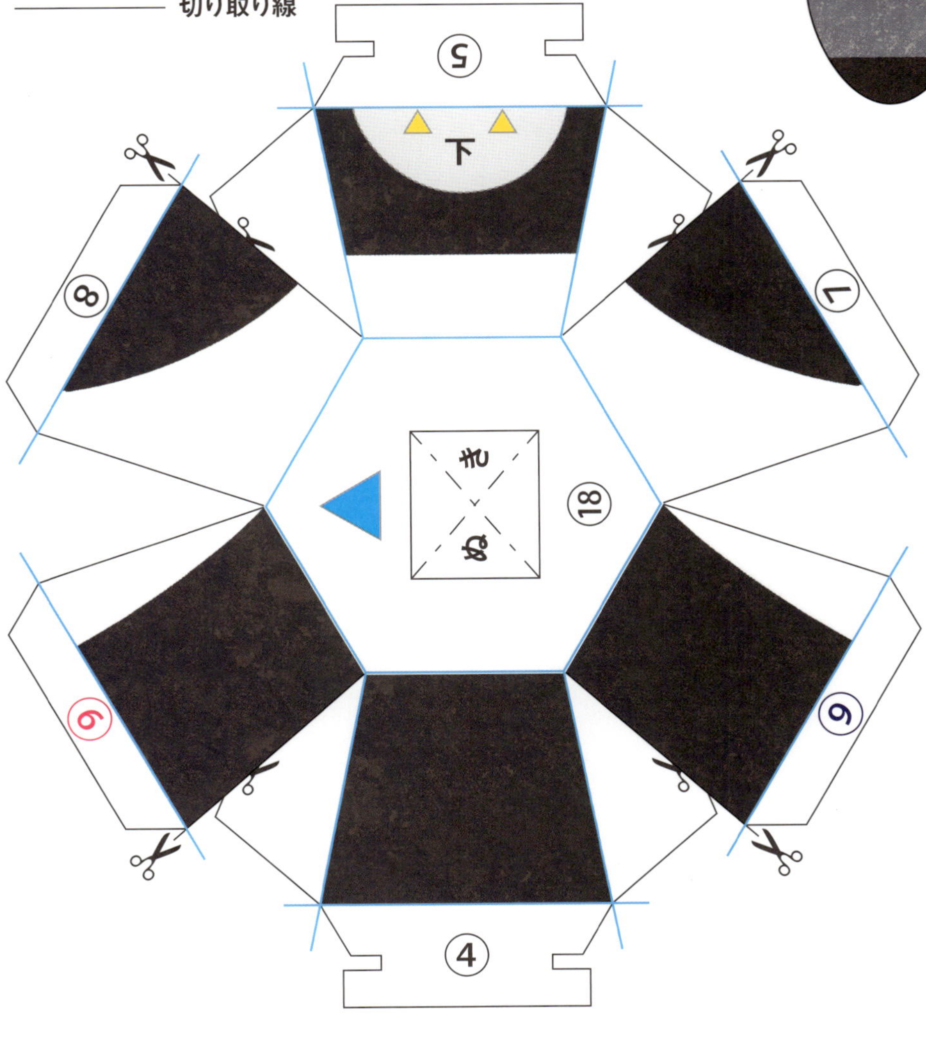

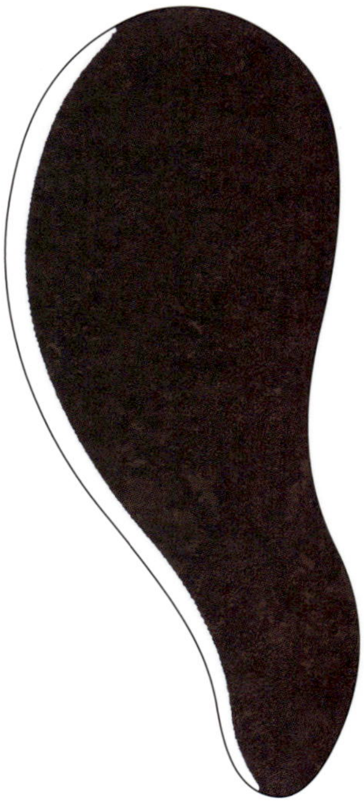

上 ▼
下 ▲▲

ぬりしろ

マゼランペンギン爆弾① 33

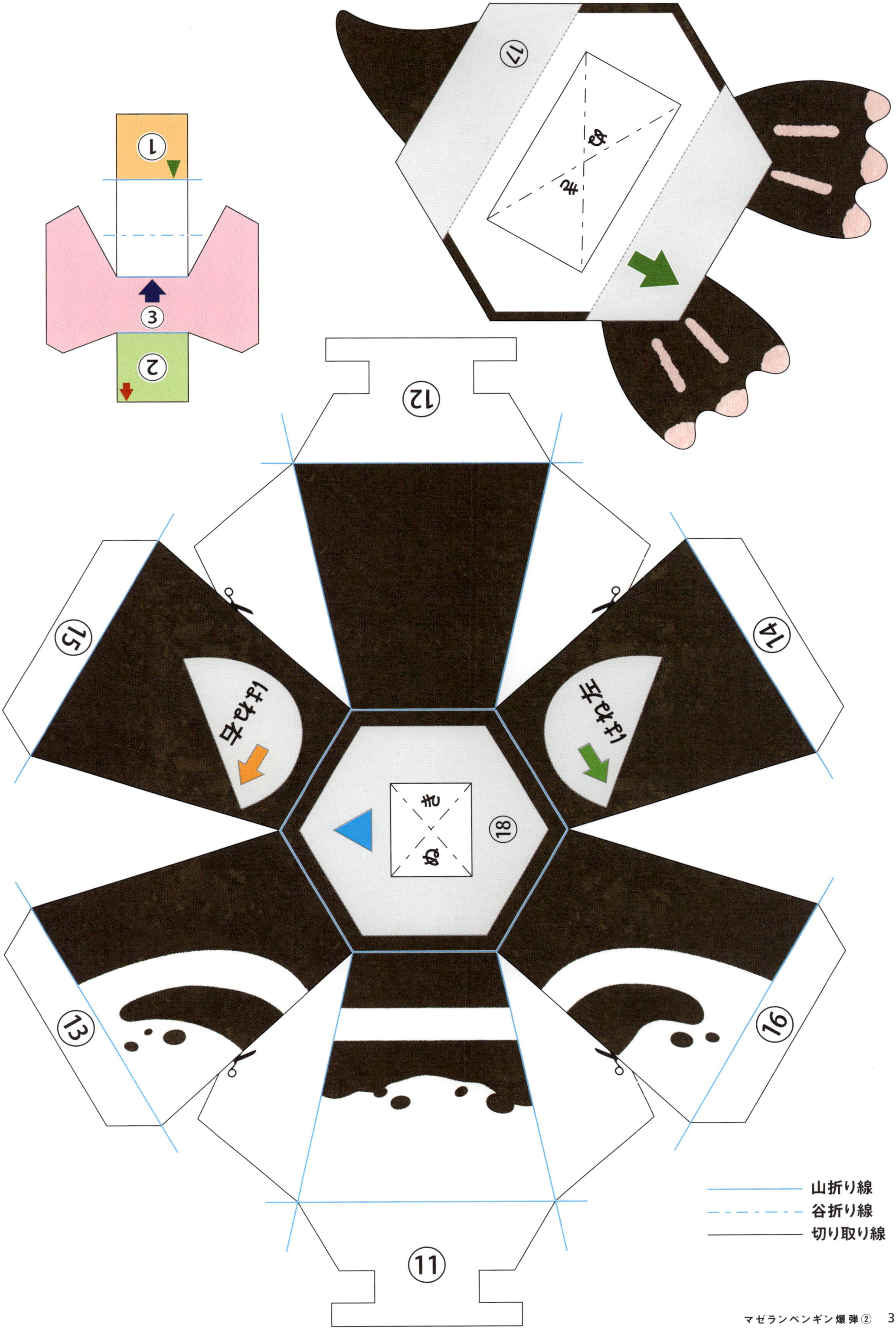

キリトリ

① ② ③

⑪ ⑫ ⑬ ⑭ ⑮ ⑯ ⑰ ⑱

はさむ　はさむ

のりしろ　のりしろ

山折り線
谷折り線
切り取り線

マゼランペンギン爆弾 ② 35

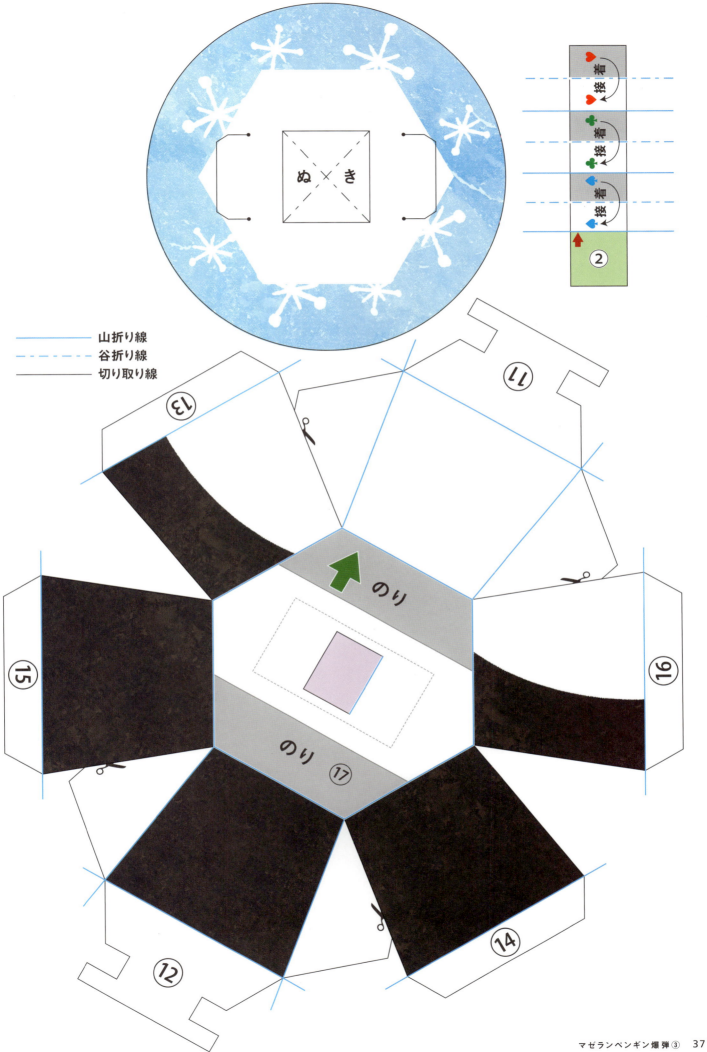

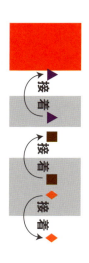

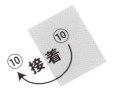

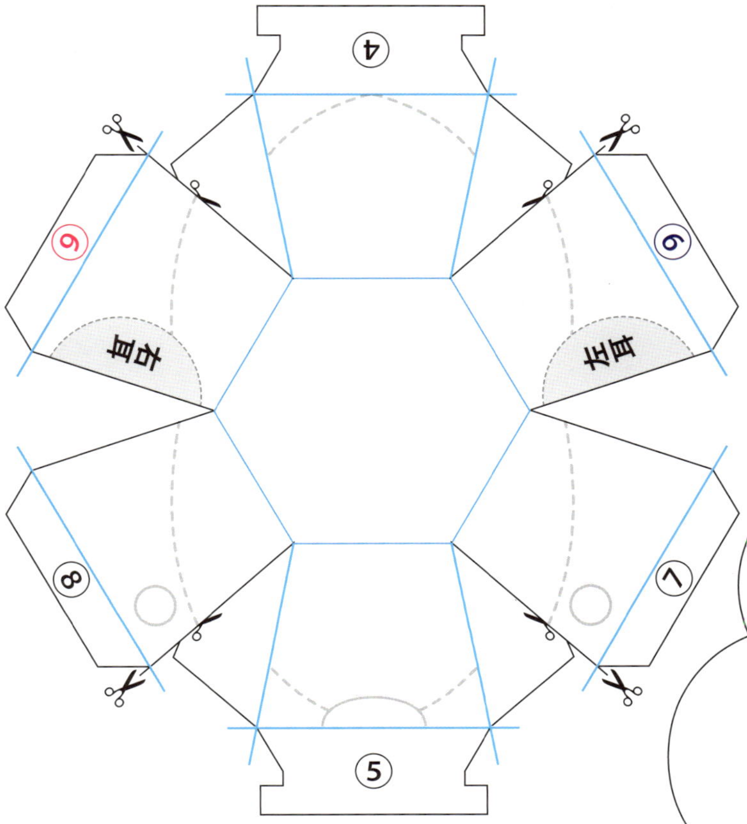

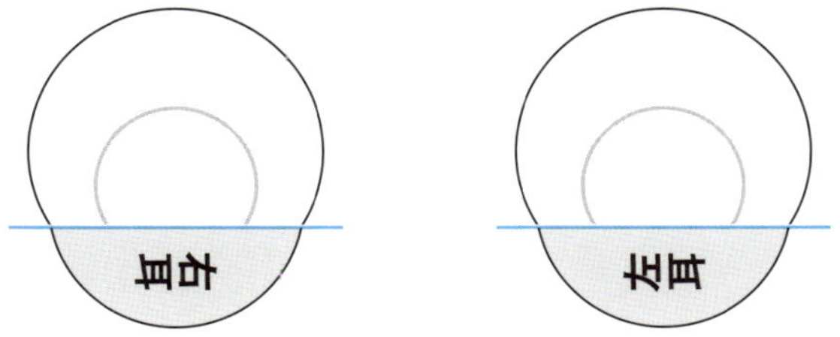

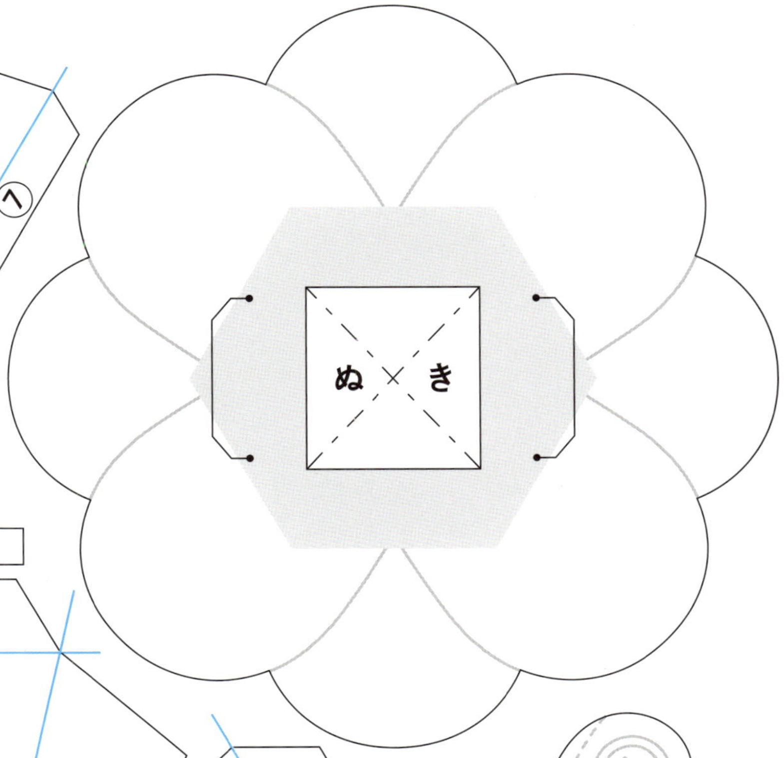

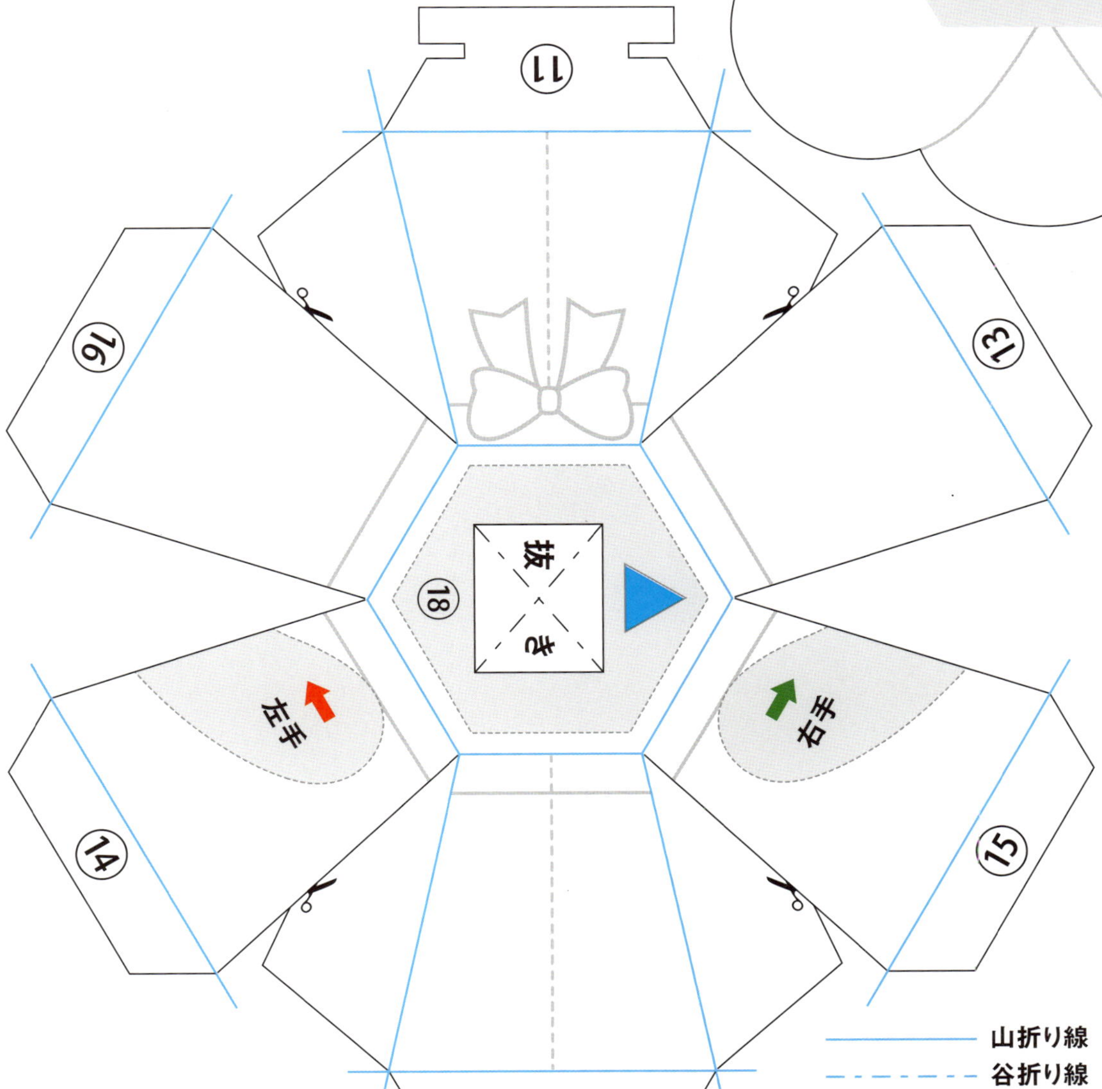

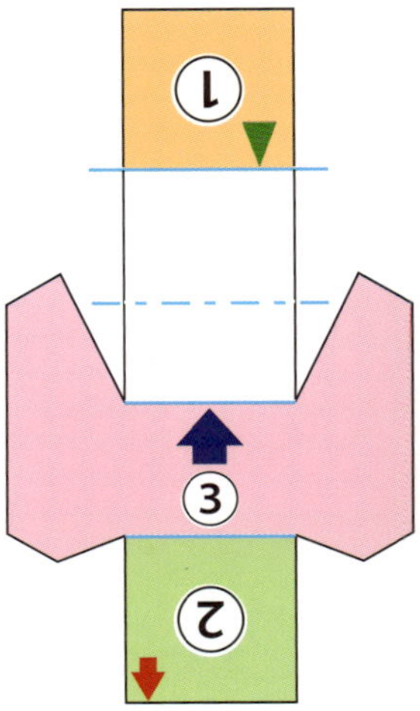

キリトリ

右耳　左耳

ぬき

手

④ ⑥ ⑨ ⑧ ⑤ ⑦ ⑪ ⑯ ⑬ ⑭ ⑫ ⑮ ⑱

抜き

左手　右手

①②③

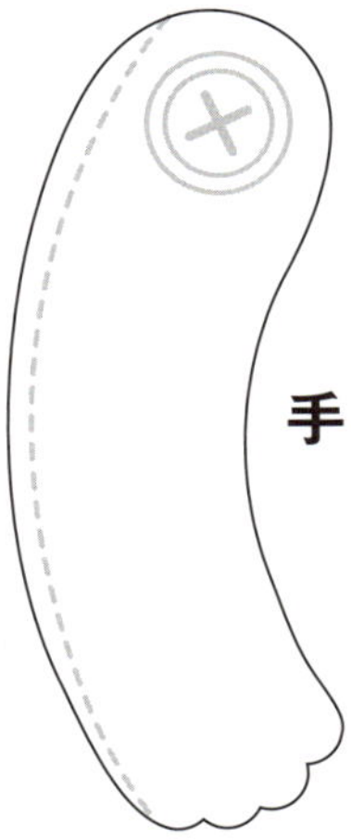

――― 山折り線
--- 谷折り線
――― 切り取り線

パーツを切り抜く前に
色をぬってください。
耳と手は裏面もぬってください。

くま爆弾① 39

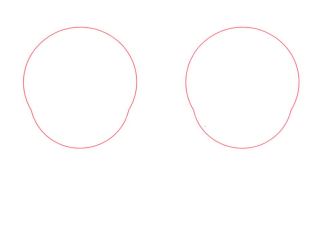
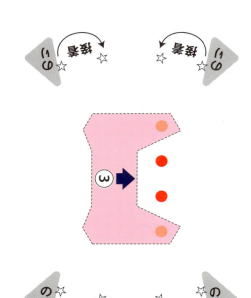

ピンクの線の中もぬってください。
（のりしろはぬらないでください）

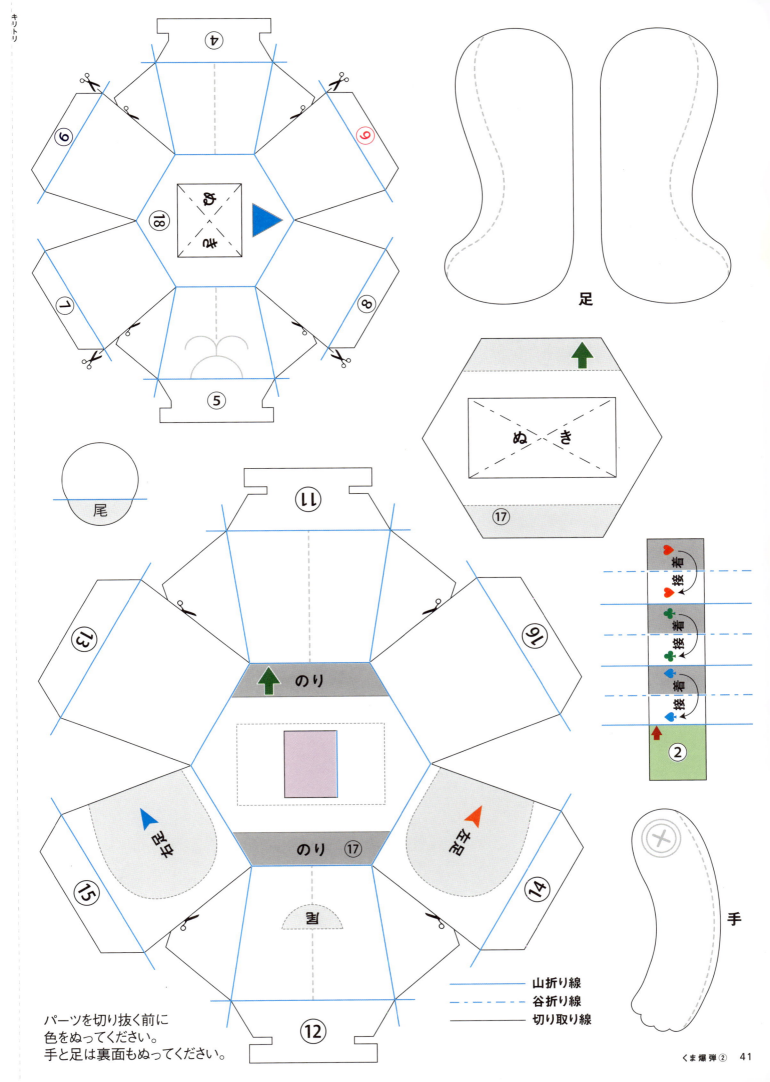

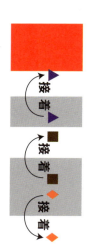

ピンクの線の中もぬってください。
（のりしろはぬらないでください）

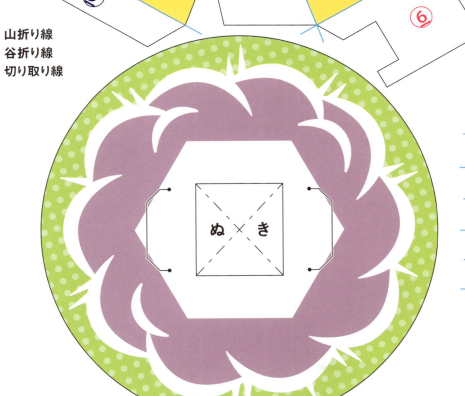
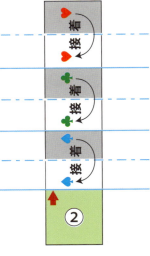

―――――― 山折り線
―――――― 谷折り線
―――――― 切り取り線

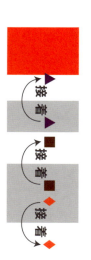

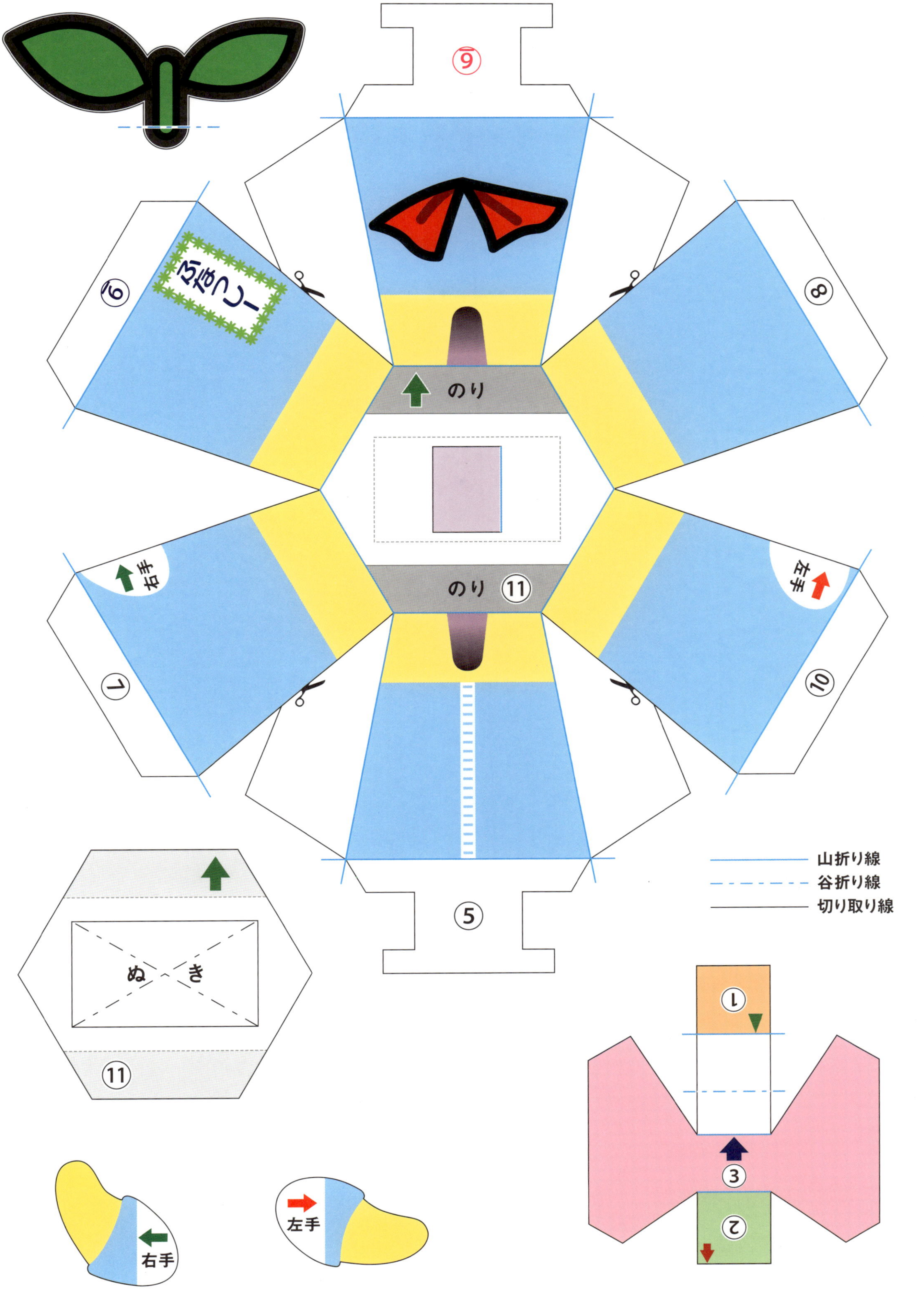

キリトリ

ふなっしー

山折り線 ————
谷折り線 ----
切り取り線 ———

ふなっしー② 45

葉

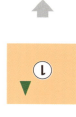

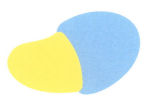

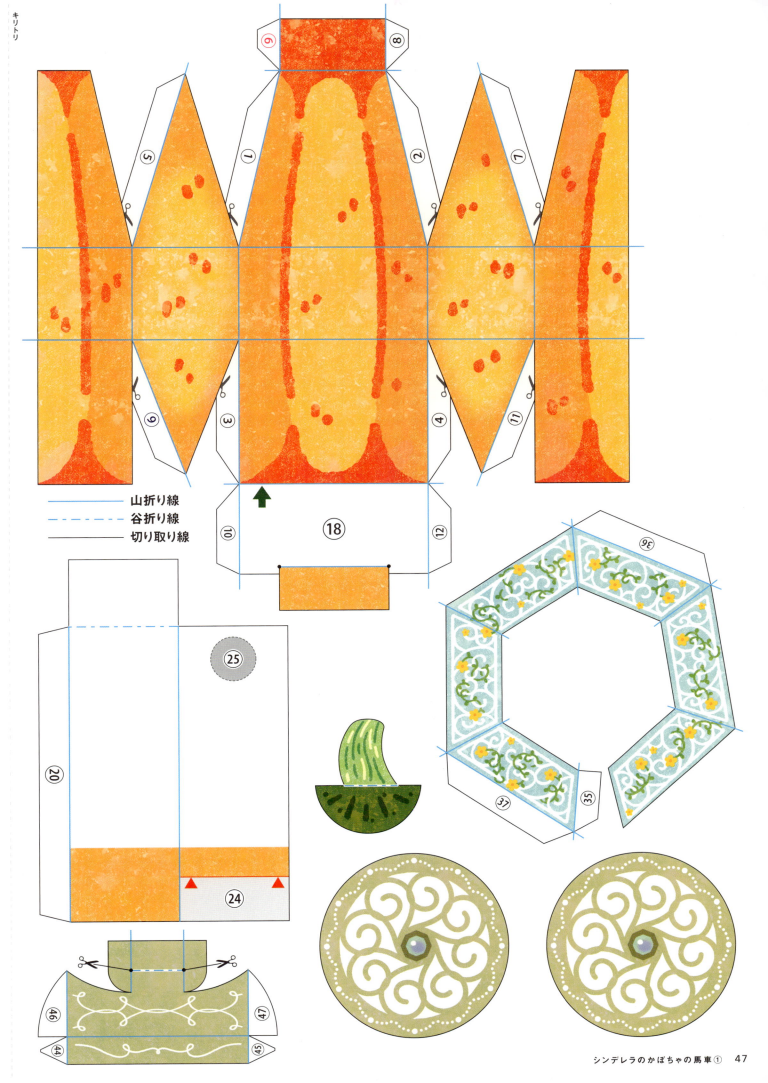

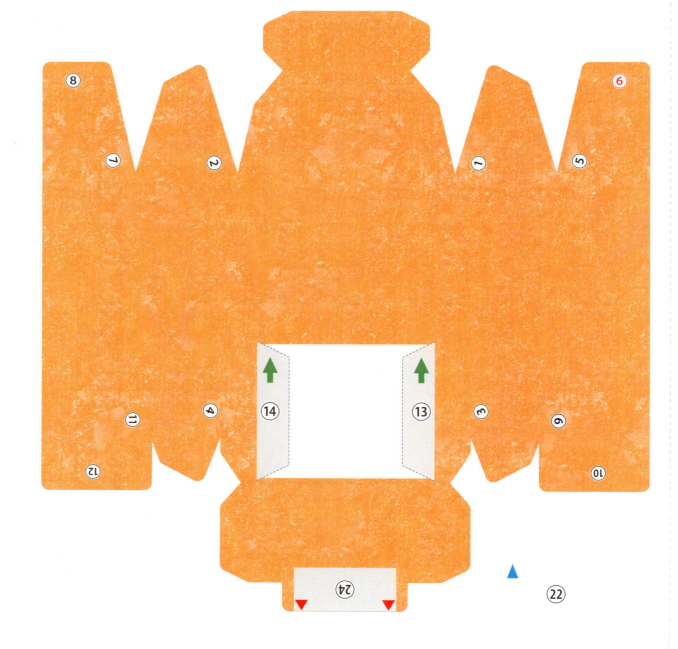
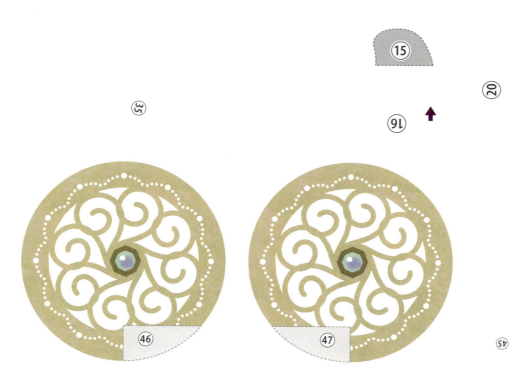

48　シンデレラのかぼちゃの馬車①

キリトリ

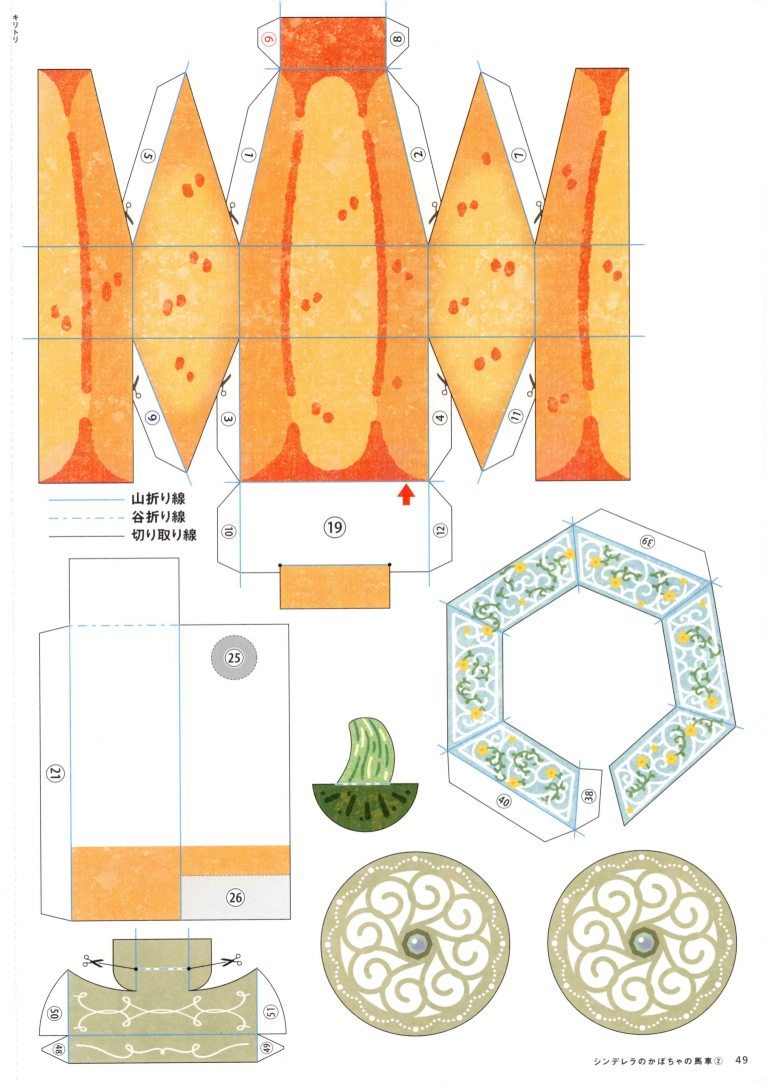

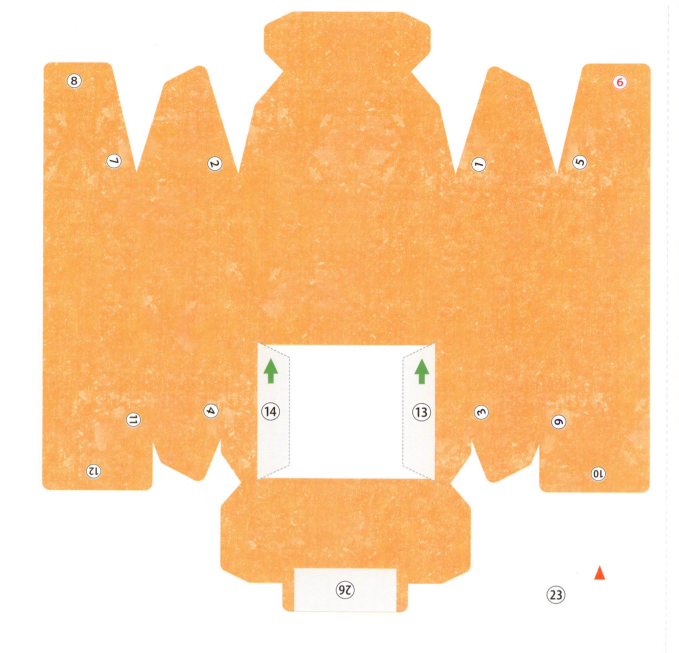
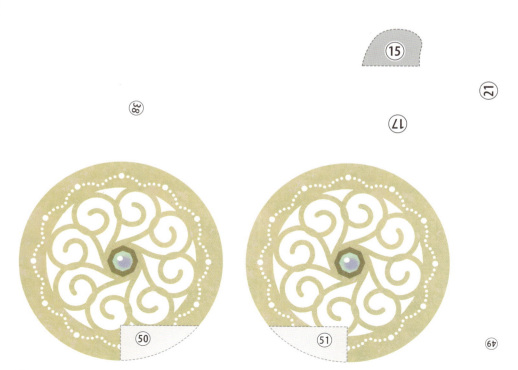

50　シンデレラのかぼちゃの馬車②

― 山折り線
--- 谷折り線
― 切り取り線

シンデレラのかぼちゃの馬車 ③

52　シンデレラのかぼちゃの馬車③

10円玉を
テープで
はって
ください

山折り線
谷折り線
切り取り線

かみつくオオカミ 53

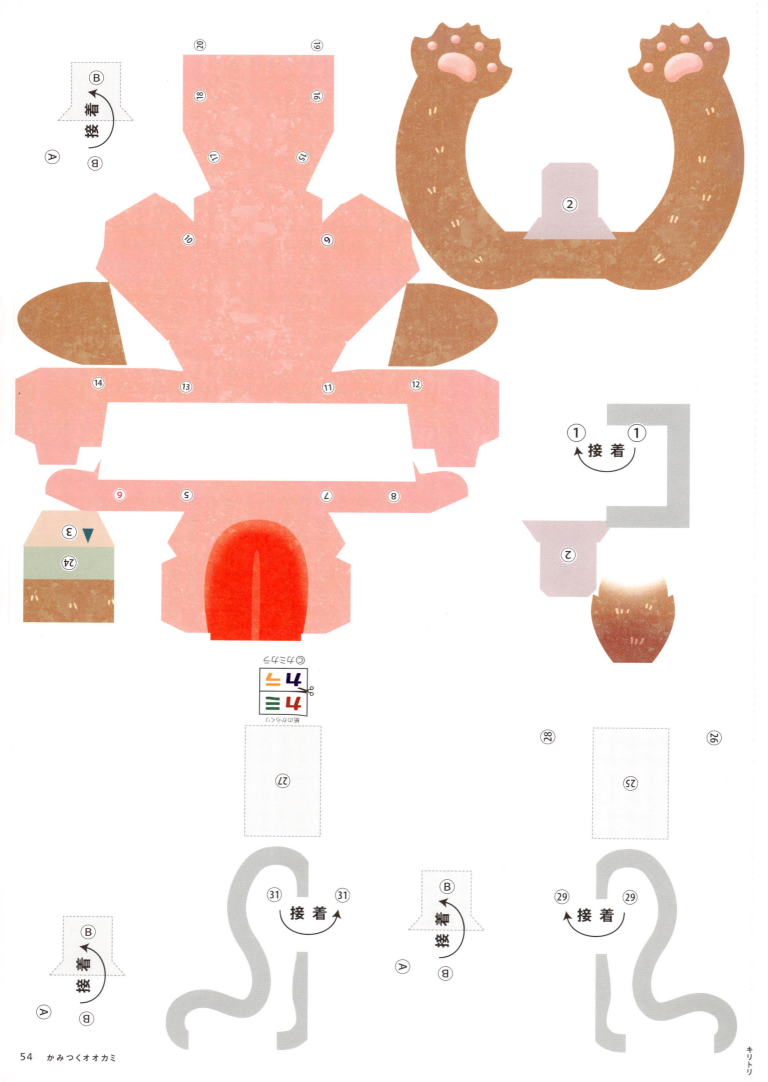

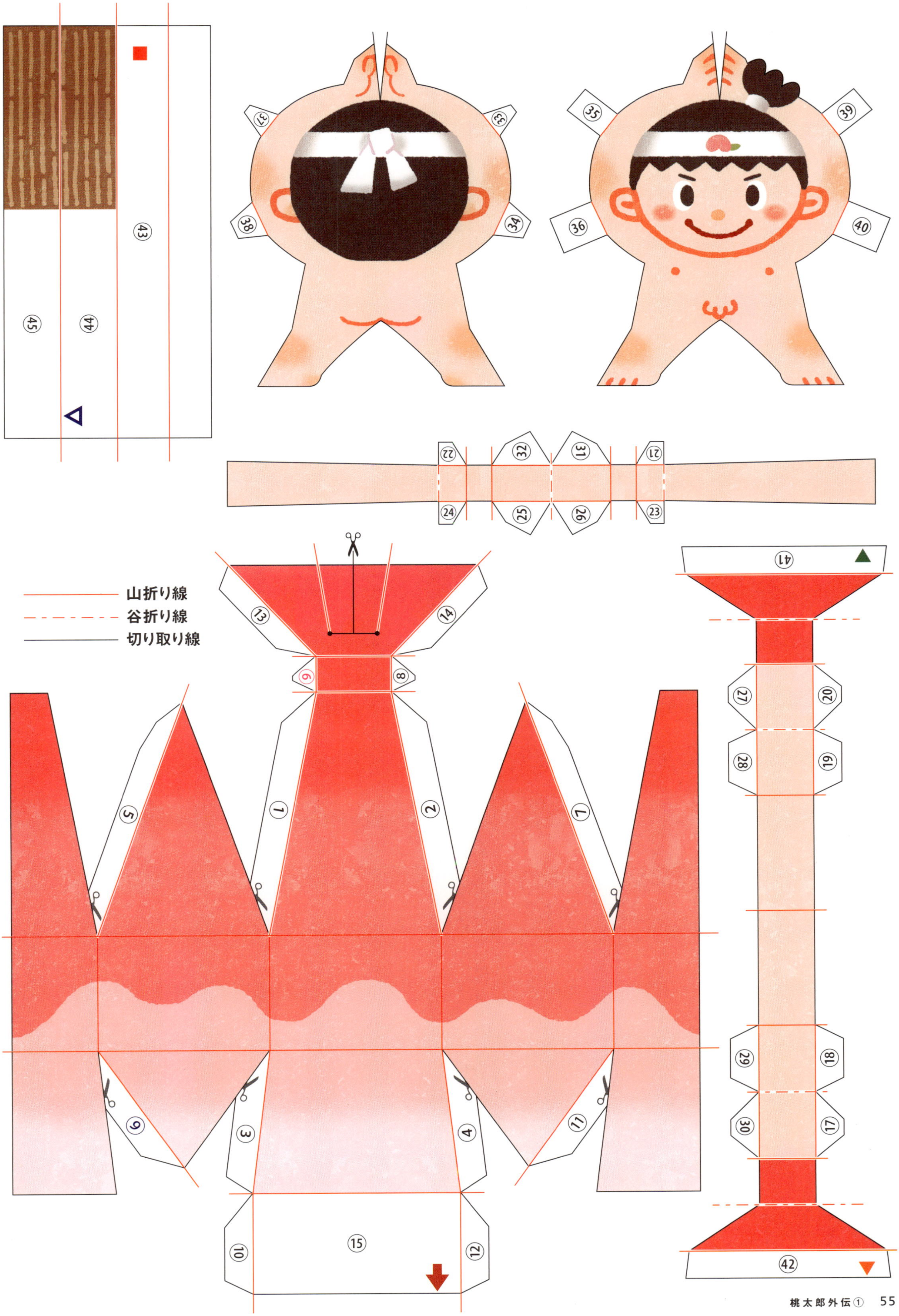

キリトリ

― 山折り線
--- 谷折り線
― 切り取り線

桃太郎外伝① 55

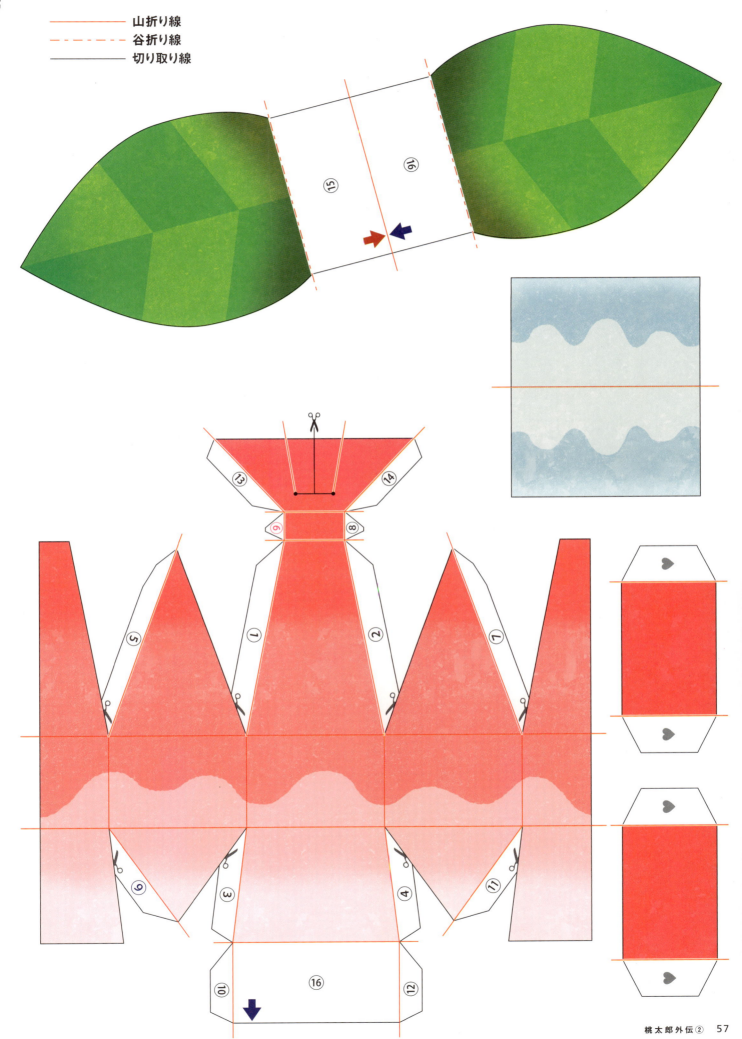

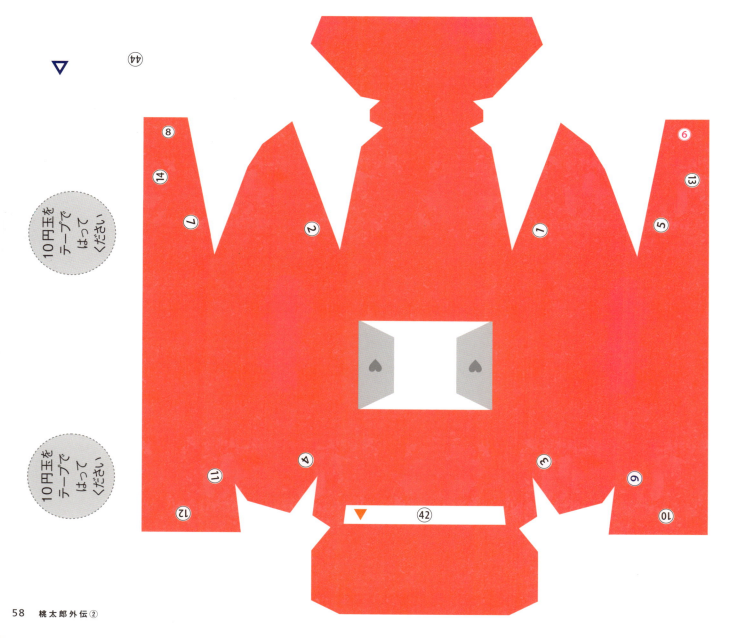

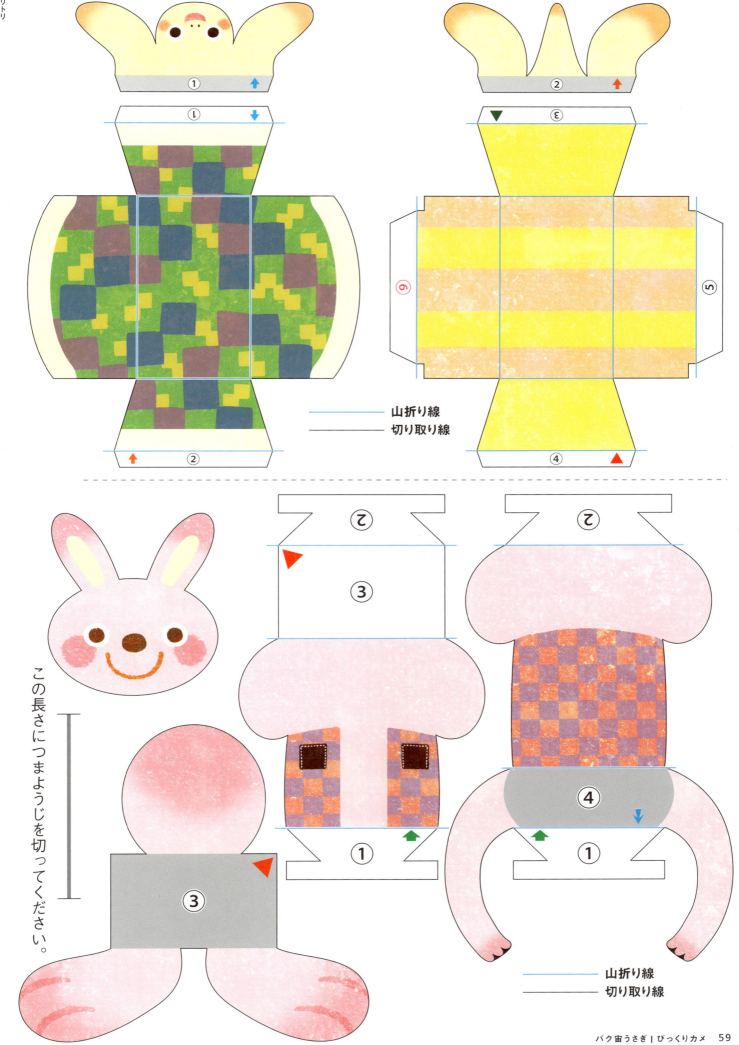

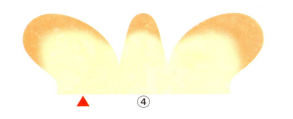

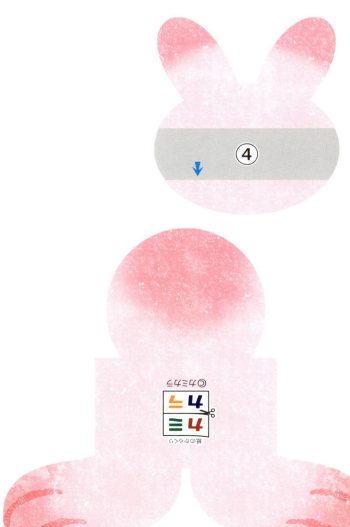

キリトリ

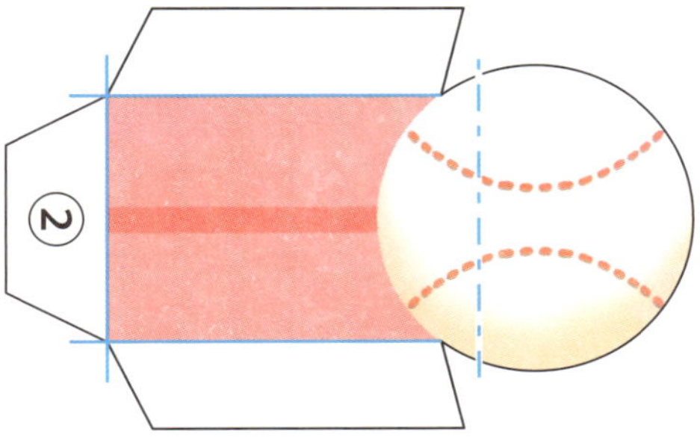

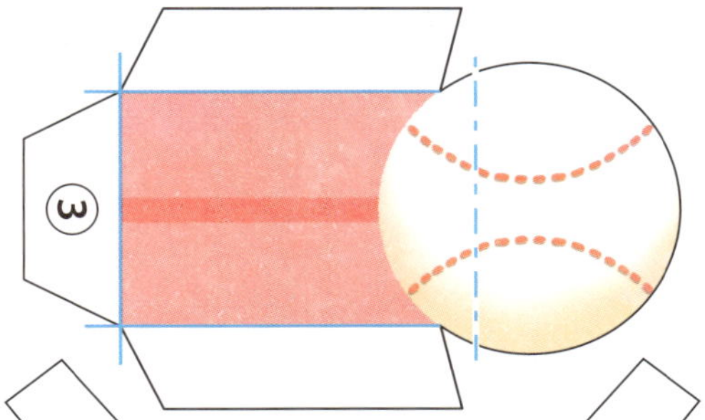

② ③

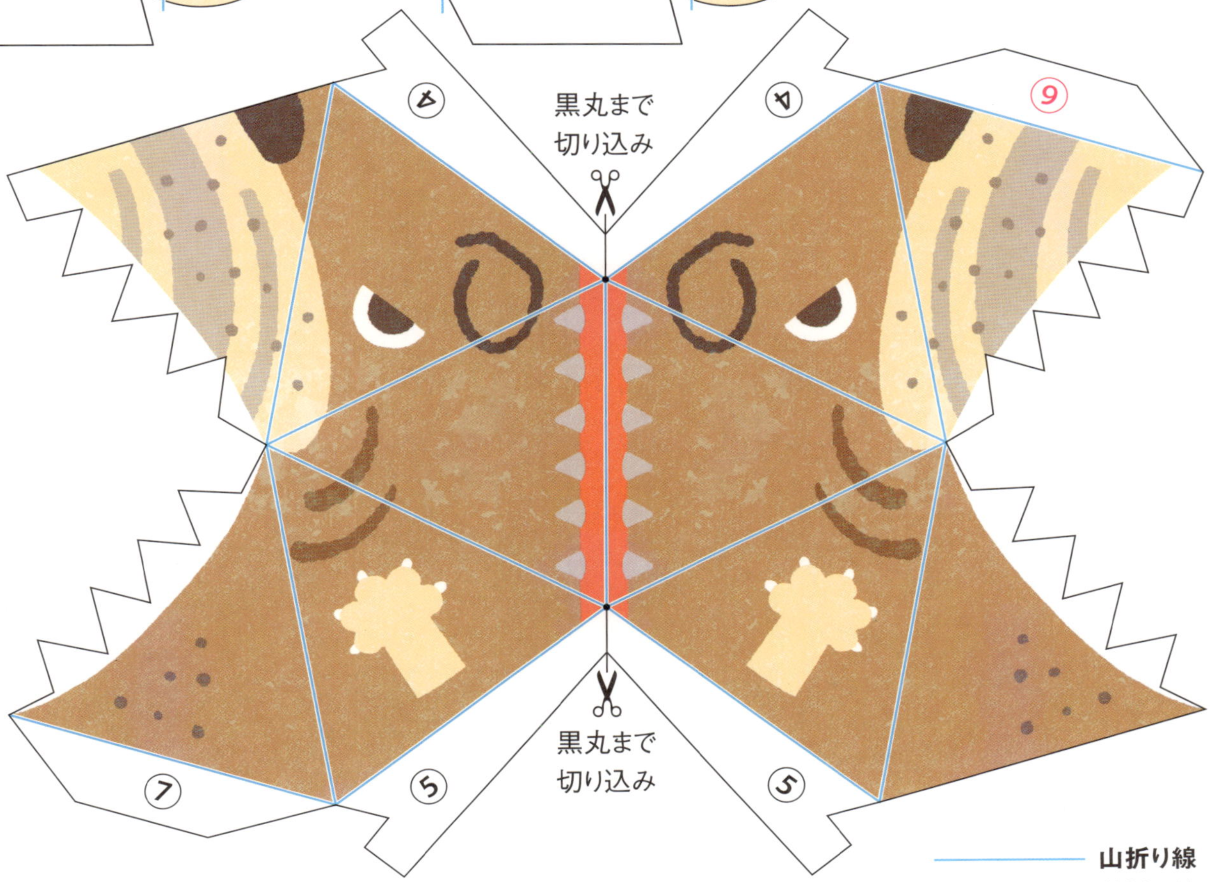

④ ④ ⑨

黒丸まで
切り込み

⑦ ⑤ ⑤

黒丸まで
切り込み

―― 山折り線
‐‐‐ 谷折り線
―― 切り取り線

のりしろ

ポチ

のりしろ

かみつく封筒 61

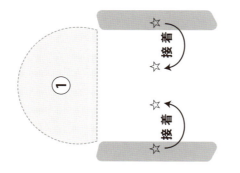
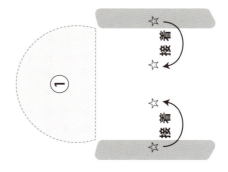

62　かみつく封筒

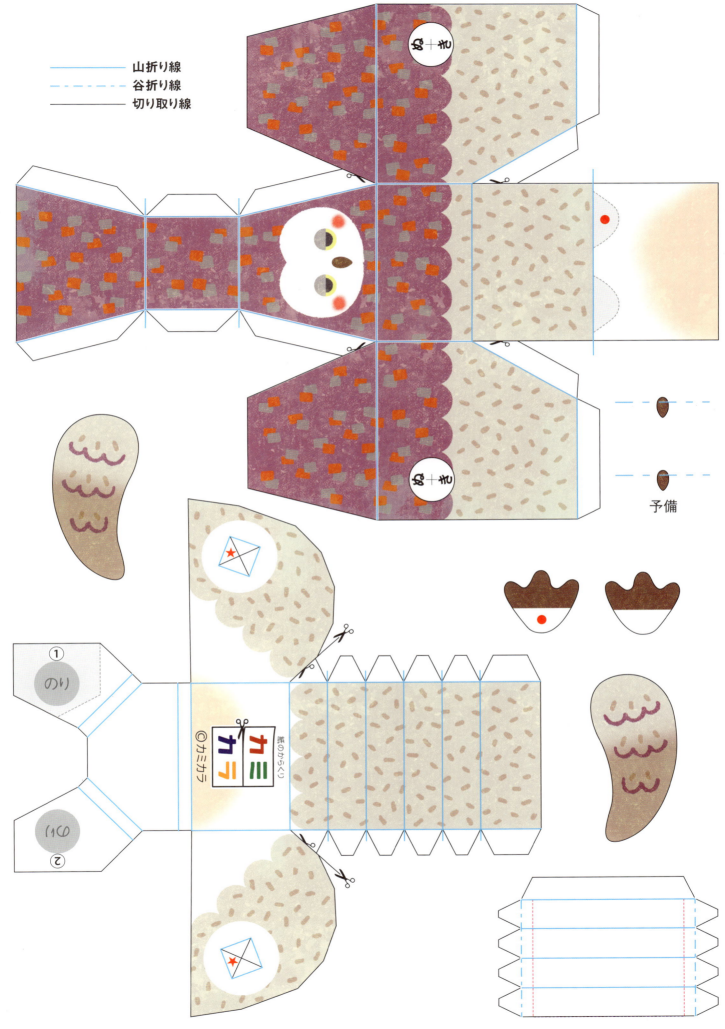

64　起き上がりフクロウ

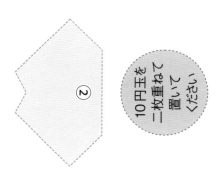

10円玉を
二枚重ねて
置いて
ください

①

②

左

右

キリトリ